安全な構造の
伏図の描き方
改訂第二版

松留愼一郎（職業能力開発総合大学名誉教授） 監修
NPO 法人 木の建築フォラム 現代木割術研究会 著

伏図は木造建築物の骨組の設計図です。
建物にかかる力をうまく流せる骨組が設計されていないと
2 階床が傾くこともあるのです。
柱をどこに立てるか、
梁をどの方向に架ければ安全か、
伏図の描き方のルールを分かりやすくまとめました。

改訂第二版「安全な構造の伏図の描き方」の発刊にあたって

　架構設計は木造住宅軸組構法の本質的な部分ですが、基本的なルールが確立されている訳ではなく、これを学ぶ実務的な参考書が見当たりません。本書は、構造ブロックの設定や直下率チェック図の作成という手法を用いながら、伏図の作成方法、適切な架構の検討方法を解説しています。

　本書を発刊するにあたっては、執筆者に加えて様々な方の知恵と研鑽が集約されていることを、まず紹介したいと思います。最初は、2004年3月に「架構設計の手引きーよりよい伏図作成のためにー」という講習会用テキストを、NPO木の建築フォラム現代木割術研究会が作成しました。NPO木の建築フォラム現代木割術研究会のメンバーは、研究者、設計者、住宅メーカーやプレカットメーカーや木材店の技術者、熟練大工等の多方面の専門家で構成されていました。そのテキストを用いて、構造計画にもとづいたより適切な伏図作成をテーマに講習会をおこなっていき、受講者から重要な知見を得られることも少なくありませんでした。講習会テキストは、改訂版、金物工法編と版を重ねていき、直下率チェック図や構造ブロックの手法も広く普及することとなります。

　その講習会テキストの内容をもとに、「安全な構造の伏図の描き方」が株式会社エクスナレッジから書籍（ムック）として2008年2月20日に発刊されました。この本も好評をいただき、2014年4月28日に新装版発刊と版を重ねていき、今回は改訂第二版を発刊することになりました。

　本書は、間取りが仮に決まった時点で、直下率チェック図の作成と構造ブロックの設定をおこない、それらにもとづいて伏図を作成するという内容になっています。しかも、伏図の作成に加え、構造ブロックの設定や直下率チェック図という3つの手法が、自学自習にて習得できるような構成になっています。また、構造ブロックや直下率チェック図にもとづく間取りの修正例を、2階床の不陸事故事例の分析という内容にて紹介しています。

　今回の改訂第二版は、基準の変更等に合わせて見直しをおこなっています。見直しの主な内容は、以下のようになっています。

①　断面欠損の低減率の変更に対応したスパン表、および、伏図の断面寸法を変更

②　構造ブロックと平面計画に関する解説を追加

③　構図ブロックの大きさを、最大で4P×5P（最上階では5P×5P）と設定

④　区画梁をブロック桁に、区画を構造ブロック（ただし、基礎では区画）に名称変更

⑤　構造用合板を使用した剛床の場合の、床伏図とその解説を追加

　実務としては、構造ブロックや直下率チェック図にもとづいて間取りの修正をおこない、さらに、伏図の検討結果にもとづいて再修正をおこなうというフィードバックが重要であることを強調したいと思います。そういう一連の設計手順のことを「架構設計」と呼ぶべきで、設計者の本来の役割りであると考えます。そのように検討された間取りと伏図に対して、プレカット技術者が、用材、継手仕口等の納りを検討しながら伏図の修正やプレカット機械による加工用の加工図を作成していくのが、本来の役割分担でしょう。

　本書は、伏図を始めて学ぼうとする方、構造計画的に適切な軸組架構を計画したい方、構造計画に裏打ちされた間取りを設計したい方々へのテキストや教材として最適であると思います。

　設計者やプレカット技術者等の実務者の方々が、直下率チェック図、構造ブロック、伏図を活用し、構造計画にもとづいた無理無駄が少ない適切な間取りや軸組架構を設計することを期待します。

松留　愼一郎

架構設計と「伏図」の重要性を見直す

無理な架構設計によって住宅の2階床が傾く不陸事故が増えている。
意匠設計者からプレカット工場に渡されるプランに問題があるという。
架構設計図である「伏図」作成の現状を解説し、初心者でも荷重の流れを
理解しながら伏図が描けるようになる手法を紹介する。

松留愼一郎［職業能力開発総合大学校名誉教授］

1 木造住宅の2階床の不陸事故はなぜ起きるのか

近年、2階床の不陸（ふりく）により保険金支払いにいたるという事故事例が増加している。ある「住宅瑕疵保証機関」の保険制度を昭和61年度(1986)−平成13年度(2001)に利用した住宅のなかで、構造的な問題で2階床に不陸が発生した事故事例139件に対して調査を行った結果、2階床梁のたわみが原因であるものが増加していることが分かった［注］。

意匠設計の問題点

この調査では、2階床不陸事故の4割は架構設計（伏図作成）に問題が、また、ほかの4割は意匠設計（プランの設計）自体に問題があることがはっきりと分かっている。すなわち、意匠設計や架構設計をしっかりと行えば、2階床不陸事故の8割は防げるということである。また、事故には至らないまでも、床たわみの起こりやすい設計や、梁配置に無理をしないと納まらないなど、伏図作成が困難なプランが多発していると推測される。これらは不陸を招く危険性をはらんでいると言っても過言ではない。特に、1階と2階の間取りの構造的なつながりが希薄であるというプランとして根本的にまずいものが多いことが問題である。

架構設計において考慮すべき重要な課題の一つは、1階に2階をどのように載せるかということである。RC造、S造、プレファブ住宅などでは、耐力壁線の一致にみられるように、1階と2階の関係に関する構造上のルールが明快になっている。それに対して、木造軸組構法では、事故事例でもみられるように［3章p.104−122参照］、2階を気楽にまた自由気ままに1階の上に配置している例が多いように思われる。

近年の基準法改正でも地震に対する安全性が大幅に強化されているが、鉛直荷重処理に関する規定は設けられていない。地震や台風などの外力が短期なのに対し、鉛直荷重は長期にわたり時々刻々と建物に作用しており、鉛直荷重の処理が悪い建物は生活習慣病にかかっているのに譬（たと）えることができる。性能評価申請で審査される建物でも、この鉛直荷重処理に改善の余地が大きいものが多いと聞いており、大変気にかかるところである。

ここでは、何故このようにレベルの低下した架構設計や意匠設計が増加してしまったのか、木造軸組構法における設計のあり方について、再検討してみたい。

注｜「2階床に不陸が発生した木造軸組構法事故事例に関する基礎的研究」松留愼一郎・望月仁 p.79-86 職業能力開発総合大学校紀要 第35号A 2006

図｜2階床に不陸が発生した事例

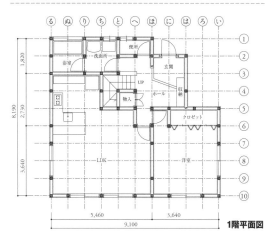

1階平面図

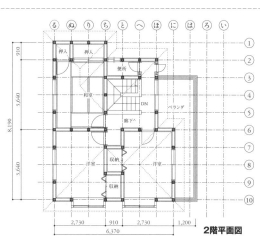

2階平面図

1階のLDKが大きい空間となっており、2階の荷重を床梁だけで処理しきれず、2階床が傾いた例。詳しい解説はp.94−101参照。

2 伏図とはなにか？

木造軸組構法の架構は、一般的には「伏図」で表現される。伝統的には、大工棟梁が間取りを決めるとき、柱や梁の配置や断面寸法・納まりなども同時に検討し、平面と架構を決定してきた。すなわち、伏図とは、柱や梁の配置図およびその断面寸法のことであり、伏図作成とは柱や梁などの架構設計のことを意味しており、平面計画と表裏一体となっている。

確認申請にも構造伏図が必要になる

それでは、一般的に建築設計者が木造軸組構法で設計を行うときはどうであろうか。平面作成と同時に柱や梁の配置も同時に検討する、すなわち「伏図作成」も行うケースはどのくらいあるであろうか。実際には、平面図・立面図などで意匠だけを決め、伏図はプレカット工場まかせにしているケースが多いのではないだろうか。

品確法による性能評価申請には構造伏図の添付が必要だが、これからの一般的な木造住宅の確認申請には、構造伏図も必要図書とされる方向にある。そのときに、この伏図作成と軸組架構の品質には一体誰が責任をもつことになるのであろうか。設計者が最終責任を負う一方で、なぜ、多くの設計者が木造軸組構法において伏図を作成しないで済ますことになっているのだろうか。

意匠設計と架構設計が分離している

設計と施工の分離が進むなかで、専門学校や大学で建築を学んだ設計者は現場については棟梁に教えてもらってきた。設計者が作成した伏図は、棟梁によって検討され修正されることが多かった。すなわち、棟梁のもつ伝統的なノウハウによりチェックされ支えられてきたと言ってよい。

さらに現在、機械プレカットの普及に伴ない、設計自体も意匠設計と架構設計への分離が進んでいる。この2つの設計が連動して行われずに、平面図や立面図などの確認申請程度の図面がプレカット工場に送られてきて、プレカット工場側で架構設計を行うケースが圧倒的に多くなってきている。熟練した棟梁の引退などで、プレカット工場に架構設計を依存せざるを得なくなった工務店も少なくない。また、設計施工一貫であるハウスメーカーやビルダーにおいても、営業部門、設計部門、積算施工部門と担当者が分かれているため、意匠設計と架構設計の分離が進んでいる。

平面計画に無理がある

しかし、木造軸組構法では、軸組の架構を考えながら意匠設計を行うのが本来の設計の姿であったはずである。大規模なプレカット工場で、取次ぎ店を経由して大量受注をしている場合などでは、設計者に内容確認や修正交渉を行うことがますます少なくなっていると聞く。そこでは、意匠設計に構造的な無理があっても、プレカット工場側の架構設計で対応しながら伏図作成を行っているのが実状である。架構設計担当の技術者は、意匠設計そのものに関わることができないために、「この窓の位置を少し変更できれば……」「ここに柱を配置できれば……」と疎外感を抱きながら目の前の仕事をこなさなければならない。プレカット工場の技術者が優秀でも、もとの設計が構造的に難しい平面計画であればどうしようもない。架構のことを考慮せずに意匠設計を行っている事例があまりに多くなってきていることが問題であると指摘したい。

図｜設計と図面作成の対応

図｜木造軸組構法の設計の現状

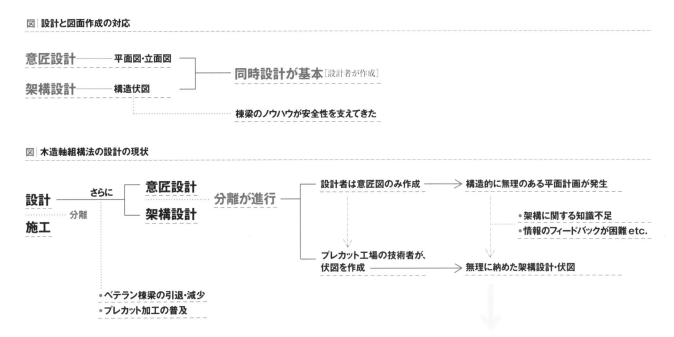

3 プレカット工場での伏図作成の現状

　木造軸組構法における軸組材加工の圧倒的多数がプレカット工場において実施されているため、現状ではかなりの数の架構設計（伏図作成）がプレカット工場の技術者によって行われている。プレカット工場に依頼される物件で、意匠図に加えて伏図が添付されたものは多くない。伏図があったとしても、工場技術者側で各図面をチェックし、設計者との数回の質疑応答・打合せの後に伏図を確定し、その伏図にもとづいて作成した加工情報を工場に渡すという手順が一般的である。

　また、図面一式を受け取り、伏図や加工図（機械加工用の情報図書）を作成し、木拾い積算をすることは、プレカット工場にとって業務の大きな負荷になっているものの、住宅1棟分の意匠情報と架構情報が集まる結果を生んだ。集積する情報を活用したビジネスチャンスが大きくなっていると同時に、品確法への対応の問題もあり、架構設計面での実質的な責任も大きくなってきているのが現状である。

架構設計のアウトソーシングやCADセンターの成立

　プレカット工場の経営上からは、架構設計は専門的な知識が必要で、しかも設計者とのやりとりや手戻りが少なくなく人工数が多くかかるなど、合理化の難しい部門という側面がある。規模が十分でないプレカット工場では専門の技術者を常駐させるよりも、手間がかかるその部分をアウトソーシングしようとすることになる。実際、プレカット工場から架構設計を専門に請け負う会社も現れ始めている。

　また、大規模プレカット工場を稼働させている会社では、架構設計を効率的に行うCADセンターとでも呼ぶべき部門を充実させることになる。そこでは伏図の自動発生機能をもつCADシステムの導入などの合理化を進めることになるが、架構設計自体は物件ごとの個別対応であり、現時点で熟練の技術者に代替できるような高度なCADシステムは見当たらない。技術者が上手にCADを使いこなしているのが現状であり、CADセンターであっても架構設計自体は専門知識と時間が必要で手間のかかる業務となっている。

設計者は架構に無理のないプラン作成を

　以上のように、架構設計と意匠設計の分離、設計者にノウハウを教えてくれる熟練大工の枯渇、プレカット工場における技術者の伏図作成の現状などの要因が複雑に絡み合い、最近の木造住宅では、架構設計はプランに対応して伏図を納めるための後追い作業となっている。そういう状況のなかで、プランを決める設計者は、もっと架構設計（伏図作成）の内容を理解するべきであろうし、たとえ、プレカット工場の技術者にまかせるにしても、プランに無理に合わせるような架構設計を技術者がやらなくてもよいように、構造計画的に合理的で適切な架構設計ができるプラン作成を行う必要がある。

写真1｜伏図を作成する技術者

設計者から渡された意匠図をもとに伏図を作成する。さらに加工図を作成し、部材の加工情報が加工機のコンピュータに転送される

写真2｜プレカット加工機のライン

写真3｜切削工具による加工

柱や横架材などの加工ラインが構成され、加工機に装着されたさまざまな切削工具で、継手仕口、ほぞ、ボルト穴などが加工される

4 伏図作成をより簡便に習得する方法のすすめ

以上に述べたような状況が進むなかで、NPO木の建築フォーラムの「現代木割術研究会」では、簡便に伏図作成を習得するための方法、また、簡便にプランを評価する方法を編み出したので紹介したい。

この方法ではまず、プランが構造計画的（鉛直荷重に対して）にどの程度適切に対応できているか、合理的であるかどうか評価することから始める。

プランから適切な架構ができるか簡単に分かる

その評価手法として、同研究会では、「直下率チェック図」と「直下率」による間取りのチェックを提唱している。架構設計を開始する最初に「壁直下率」と「柱直下率」の2種類の指標を物件ごとにチェックすることにより、一定の値以下の場合には基本設計に対して改善提案を行うことを原則としている。直下率は、2階が1階に適切に配置されているかどうか、すなわち、鉛直荷重の処理が適切になされているかを判断する良い指標となる。

直下率および直下率チェック図は、設計者が自分の平面計画が架構計画としても適切かどうか判断する数値指標になっていること、さらに、どこが架構設計上配慮すべき部分であるかなどの留意点が明確に示される特徴をもっている。また、20分程度の短時間で簡便に作成できるメリットも備えている。ちなみに、同研究会では、柱直下率で50％以上、壁直下率で60％以上の確保を推奨している。

伏図作成のルールが分かりやすい

次に、伏図作成の最初の段階で「構造ブロック」の設定を行うことにしている。構造ブロックは鉄骨造やRC造などでは当たり前の考え方である。構造ブロックを設定することにより、構造ブロックにバランスよく鉛直荷重をかけるなど荷重の流れを整理して考えられること、あるいは耐力壁の配置や基礎立ち上がり部分の配置のよりどころにするなど、伏図作成のルールがより分かりやすく明確になっている。設定された構造ブロックをもとに、鉛直荷重の流れに従がい架構上部から順番に伏図作成のルールが整理されている。

これらの手法は、工務店技術者、プレカット工場の伏図作成担当者、住宅メーカーの技術者、設計事務所などの設計者、木質構造技術者、学識経験者、延べ30人以上のメンバーと議論を重ね作業を行うことで整備してきた。100人いれば100通りの伏図になるといわれる伏図作成ルールを、構造計画的に合理的かどうか、また、適切かどうかを基本方針にして作成していることが、大きな特徴になっている。

本書は以上のような手法を導入した伏図作成の方法をまとめたものである。設計者が架構設計に関する技術力を持ち、少なくとも、柱の直下率が50％に満たないような住宅を安易に設計しないための基礎知識をどのように理解してもらうか。今や棟梁に代わり架構設計を担いつつあるプレカット工場の技術者の技術レベルをどう担保するのか。これらの問題は、制度上、あるいは学校をはじめとする教育上の課題であるようにも思える。本書が、木造軸組構法の設計者やプレカット工場で伏図作成に携わっている技術者の方々に少しでも役に立つことを期待したい。

図│直下率チェック図の例

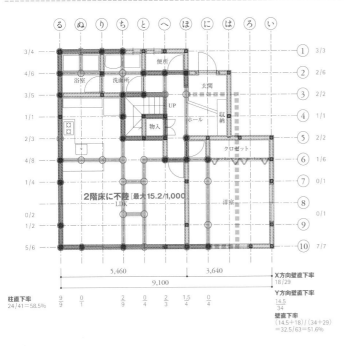

p.4の不陸事例の平面図から作成した1階直下率チェック図。
赤〇と赤色のラインが2階の柱、壁の位置を示し、
不陸を起こした箇所の1・2階の状況が視覚的にわかる。
各通りの数値は直下率の計算

COLUMN PRECUT and FUSEZU

コラム｜プレカットと伏図

1_
膨大な棟数の
架構設計を手掛ける
プレカット工場の技術者

あるプレカット工場での聞き取りでは、一般的な注文住宅おいて、1人の技術者が1棟に対してかける架構設計の時間は、全体で8時間から10時間程度である。意匠図を受け取ってから仕上げるまで約1週間を要し、同時に10−15棟程度の物件を抱えている。何社かのプレカット工場の聞き取りでは、1人で1日1棟のデータ作成を目標にしているのが一般的だそうである。

そうすると、1人の技術者が年間に100棟以上の架構設計を行っていることになる。この数は、従来の方法で1人の棟梁や設計者が生涯をかけて行う架構設計の数に相当する膨大なものである。そういう意味で、プレカット工場の技術者は架構設計そのものに習熟する結果となっている。

また、どのプレカット工場にも全体を統括する数名のベテラン技術者が存在している。すなわち、架構設計に関する技術的なノウハウが、サブコンであるプレカット工場の架構設計部門に集積されつつあるとも言える。また、その技術者の数は、年間30万棟がプレカット加工されており1人で年間100棟をこなすと仮定すると3000人。全国600の各プレカット工場に数名ずつと仮定しても、プレカット工場関係で架構設計にたずさわる技術者は数千人ほど存在することになる。

2_
海外への
アウトソーシングも
始まっている

大規模プレカット工場が架構設計を効率的に行うCADセンターとでも呼ぶべき部門をもつ場合も、架構設計そのものに手間がかかることに変わりはない。そこで、架構設計に関するCADセンターを人件費の安い海外に移そうという動きがある。

情報のやりとりはメールに書類を添付する要領で行い、低価格で迅速にできるというのが海外CADセンターの発想である。しかし、架構設計全体を海外CADセンターだけで実施しているわけではなく、日本CADセンターとの連携が行われている。そこでは、チェックや設計者などとの打ち合わせは日本CADセンターの技術者が行っており、もっとも手間のかかる伏図作成を海外CADセンターにアウトソーシングしている。しかし、それだけでなく、そこの責任者は、海外CADセンターで架構設計に責任をもつようにしたいとの意向をもっている。意匠設計と架構設計の分業の方向は、プレカット加工の普及とともにますます進行し、また、実質的な責任の所在を意識した体制づくりが、今後プレカット工場側で進むものと思われる。

写真1｜日本のCADセンター

大規模なプレカット工場ではCADセンターを設けて合理化を図るが、伏図作成の手間が大幅に削減されるわけではない

写真2｜海外CADセンター

東南アジアに設置されたCADセンター。現地スタッフにより木造住宅の伏図が作成される

誰でも分かる伏図作成テクニック

壁・柱直下率チェック図 》》 構造ブロック図 》》 伏図

架構設計の流れをつかむ

図1 | 設計のフローチャート

スタート

1 ゾーニング ← フィードバック

構造ブロックの検討

2 間取りの設計 ← フィードバック

壁直下率のチェック

3 開口部と柱の設計 ← フィードバック

柱直下率のチェック

4 耐力壁の設計 ← フィードバック

壁量・偏心率のチェック

5 伏図の作成

完了

図2 | 伏図作成フローチャート

平面図・立面図	p.22-23	●間仕切、開口部の大きさ、柱位置、耐力壁の位置などを決定しておく
Step1 壁・柱直下率	p.24-31	
壁・柱直下率の2階チェック図	←	●地廻り線・軒先線・棟などの屋根情報と、1階と柱位置が一致する箇所を表示
壁・柱直下率の1階チェック図	←	●2階と1階の間仕切・柱位置が一致する箇所を表示
壁直下率・柱直下率の算出	←	●1階チェック図で壁直下率、柱直下率を計算する
Step2 構造ブロック	p.32-35	
2階構造ブロック図	←	●2階の構造上の枠組を設定。2階母屋伏図・小屋伏図の作成で参照する
1階構造ブロック図	←	●1階の構造上の枠組を設定。2階・1階床伏図、基礎伏図などの作成で参照する。2階構造ブロックと極力一致させる
跳ね出し領域の設定	←	●バルコニーなどがある場合に設定
Step3 伏図1	p.36-53	
2階母屋伏図 2階小屋伏図	←	●母屋伏図は棟木、母屋、小屋束などを表示。小屋伏図では小屋梁と小屋束を表示
Step4 伏図2	p.62-75	
2階床伏図	←	●1階構造ブロックを参照。ブロック桁、持出し梁、火打梁、床梁などを設計する
Step5 伏図3	p.80-87	
1階床伏図	←	●1階構造ブロックを参照。土台、火打土台、大引などを設計する
Step6 伏図4	p.92-98	
基礎伏図	←	●1階構造ブロックを参照。基礎立上り部分、人通口、点検口、床束などを配置

完了

軸組構法の柱梁を設計することを架構設計という。意匠設計と別に行うのではなく、両者は表裏一体で、架構設計は全体の設計の一部と考えたほうがよい。**図1**は架構設計の全体フローを表しているが、本書は**5伏図の作成**を学ぶ内容としているので、まずその流れを解説する[**図2**]。

本書では、**4耐力壁の設計**までが完了したと想定したモデルプラン[p.22]について、最初に壁・柱直下率の2階チェック図と1階チェック図をつくる。このチェック図は壁・柱の位置が2階と1階でどの程度一致するかを平面図に示すものである[p.20参照]。次に2階と1階の構造ブロック図を作成する。構造ブロックは荷重の流れを決定する枠組で

ある[p.17参照]。

伏図作成は直下率チェック図を下敷きにし、構造ブロック図を参照しながら進めていく。

また、伏図は**図3**の種類を作成する。

Step1 | 壁・柱直下率のチェック図作成

2階チェック図は母屋伏図・小屋伏図を作成するときに下敷きにする。地廻り・軒先線・隅木・谷木・棟木などの一般的な屋根情報と母屋下げ部など伏図作成に必要な屋根に関する情報を表示する。さらに2階の柱のうちで1階の柱の上にあるものを○印で表示する。つまり、1・2階で一致する柱が分かることになる。

1階チェック図は2階間仕切(壁・開口部などを含む)位置・2階柱位置・2階と一

図3｜架構と伏図の対応

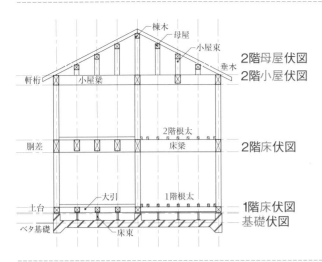

棟木
母屋
小屋束
垂木
軒桁
小屋梁
胴差
2階根太
床梁
大引
1階根太
土台
ベタ基礎
床束

2階母屋伏図
2階小屋伏図
2階床伏図
1階床伏図
基礎伏図

致する間仕切、柱位置を表示する。さらにこれらが上下階で一致する割合である壁直下率と柱直下率を計算し、その結果を記入する。壁直下率はX方向とY方向を別に拾い出し、その後両方を集計して計算する。壁直下率は60%以上・柱直下率は50%以上あることが好ましい。もし、その数値を下回る場合、この段階で基本設計へフィードバックして修正を行うことが好ましい。

Step2｜構造ブロック設定

2階構造ブロック図は2階チェック図を下敷きあるいは参照しながら作成する。各ブロックの辺の長さが5Pを超えないようにする(1p=1モジュール)。各ブロックの四隅に1・2階柱が一致することを示す○印があると理想的である。

1階構造ブロックも2階同様、四隅に○印の柱があるとよい。また、各ブロックの辺の長さが5Pを超えないようにする。四隅に○印の柱がある大きな構造ブロックを見つけ出し、それを辺の長さが5P以内になるように分割してゆく手順でもよい。

また、跳ね出しバルコニーがある場合は、持出し梁の領域を設定する。構造ブロック図作成の段階で、基本計画にフィードバックして柱位置や開口部の位置の見直しができると伏図作成が容易になることが多い。

Step3-6｜伏図作成

伏図を作成する階層は**図3**のとおり5層である。最上部から①2階母屋伏図、②2階小屋伏図、③2階床伏図、④1階床伏図、⑤基礎伏図である。1階に小屋がある場合は2階床伏図に併せて表現する。本書では棟木・母屋・小屋束などを記載する図面を母屋伏図とし、小屋束を2階小屋伏図でも表示する。

①2階母屋伏図

母屋伏図には棟木・母屋・隅木・谷木・垂木それに小屋束位置を表示する。母屋などは屋根形状に応じて当初に設計するが、小屋束はまず隅木と棟木、母屋の交点だけに配置し、残りの小屋束は小屋伏図を参照して設計する。

②2階小屋伏図

小屋伏図は地廻りの軒桁を配置することから始める。ついで構造ブロックに合わせて梁(本書ではブロック桁と呼ぶ)などを配置し、次に2階チェック図に表示されている1階と位置が一致している柱に小屋荷重を伝達できるように小屋梁を配置する。つまり2階チェック図の青○印の柱が構造ブロックごとに適切に配置できていることが、良い小屋伏図をつくるためのポイントになる。

③2階床伏図

2階の横架材は2階の積載荷重+2階小屋組などの固定荷重を1階柱へ伝達することを求められる。小屋荷重を受けている2階柱の荷重を1階柱へ直接伝達できるようにすることが大切である。

④1階床伏図

1階床で2階の床梁に相当するのは大引である。2階床梁と異なり、大引は1Pごとに床束で支持することができる。しかし、床束上の大引に継手を設けると施工精度が低下するおそれがあるため、大引が4Pを超えないように土台を配置するよう計画することがポイントになる。また、床下収納や点検口などの位置が大引と干渉しないように確認することも必要である。

⑤基礎伏図

1階床伏図と整合して軸組の荷重を地盤へ伝達するようにする。軸組の仕口のうち、引寄金物は耐力壁との照合が必要になる。また、アンカーボルトは耐力壁のほかに土台の継手位置との照合を行う。

維持管理のための人通口や床下点検口も、構造に影響が極力少なくなるように設計する必要がある。

より効率的な設計のために

ここで、**図1**のフローを再度見てほしい。本書の特徴である直下率や構造ブロックという考え方で伏図を作成することを理解できたら、一歩進んでこれらの手法を意匠設計の最初の段階から生かすことができるので、補足しておきたい。

通常、設計は**図1**のように**1**ゾーニング、**2**間取り、**3**開口部と柱、**4**耐力壁、**5**伏図の順に進めるのが一般的だろう。この手順に従い、各段階で適切なチェックを行うことが、安全で効率的な設計のポイントである。各段階で構造的なチェックを設計にフィードバックして確認修正を行えば、最後の伏図作成の段階で手戻りするような困難をきたすことはなくなる。こうしたチェックがないと、**2**間取りの設計まで遡るような手戻りも発生する場合もある。

そこで**1**ゾーニングの時点では構造ブロックとの整合を、**2**間取りの設計時点では壁直下率を、**3**開口部と柱の設計時点では柱直下率をそれぞれ検討して、その結果をフィードバックすれば、構造的に安全な設計を、手戻りの発生を極力少なくして進めることができる。

建物に作用する
荷重の流れを知る

一般的な木造戸建住宅に作用する力（荷重）は、2つの視点で分類できる［**表1**］。1つは、上から下に力が流れる「鉛直荷重」あるいは横から力を受ける「水平荷重」という、荷重方向による分類。もう1つは、長い時間作用する「長期荷重」か、短い時間しか作用しない「短期荷重」かという、荷重が作用する時間による分類である。

木造軸組構法の場合、基本的に、鉛直荷重に抵抗させる部材と、水平荷重に抵抗させる部材は区別している。積雪荷重を除いては鉛直荷重＝長期荷重、水平荷重＝短期荷重であるので、短期と長期、各々の荷重に対する耐力が必要な部材は一致しないことが多い。

鉛直荷重に対する計画

鉛直荷重は、建物の材料（柱・梁や瓦など）そのものの重さや、その建物のなかに置く家具や生活する人の重さなどを指す。鉛直荷重は、上から下に流れ、基礎を通って地盤へ伝わる［**図1**］。つまり、下へ行けば行くほど荷重は大きくなるので、同じように梁を配置していても、小屋梁と床梁では必要な断面寸法は異なる。同じ理屈で、上階からの荷重を受ける3階建ての2階床梁や胴差は、2階建ての場合と同じ断面ではいけないということは明らかである。

木造軸組構法の構造躯体のうち、鉛直荷重を負担するのは、柱や梁、小屋束、母屋など鉛直方向や水平方向に配置する軸材が中心である［**図2**］。

では具体的に部材名に従って鉛直荷重の流れを確認していこう。

雪や屋根瓦などの重量［**図1A**］は、垂木が支えている。垂木は棟木や母屋、軒桁に支えられている。その棟木や母屋の重さも加わり、小屋束に流れる［**B**］。

表1｜建物に作用する荷重の種類

	名称	記号		長期／短期
鉛直荷重	固定荷重	G	建物そのものの重さ、自重	長期
	積載荷重	P	家具や人の重さ	長期
	積雪荷重	S	雪の重さ	長期 or 短期
水平荷重	地震力	K	地震の揺れにより受ける力	短期
	風圧力	W	強風により受ける力	短期

図1｜鉛直荷重の力の流れ方

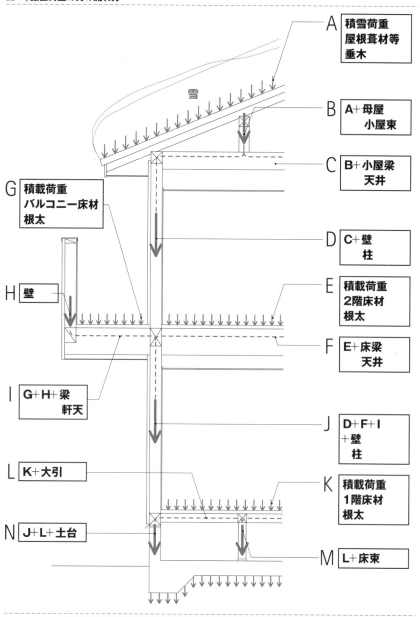

A　積雪荷重　屋根葺材等　垂木
B　A＋母屋　小屋束
C　B＋小屋梁　天井
D　C＋壁　柱
E　積載荷重　2階床材　根太
F　E＋床梁　天井
G　積載荷重　バルコニー床材　根太
H　壁
I　G＋H＋梁　軒天
J　D＋F＋I　＋壁　柱
K　積載荷重　1階床材　根太
L　K＋大引
M　L＋床束
N　J＋L＋土台

図2｜鉛直荷重を負担する部材

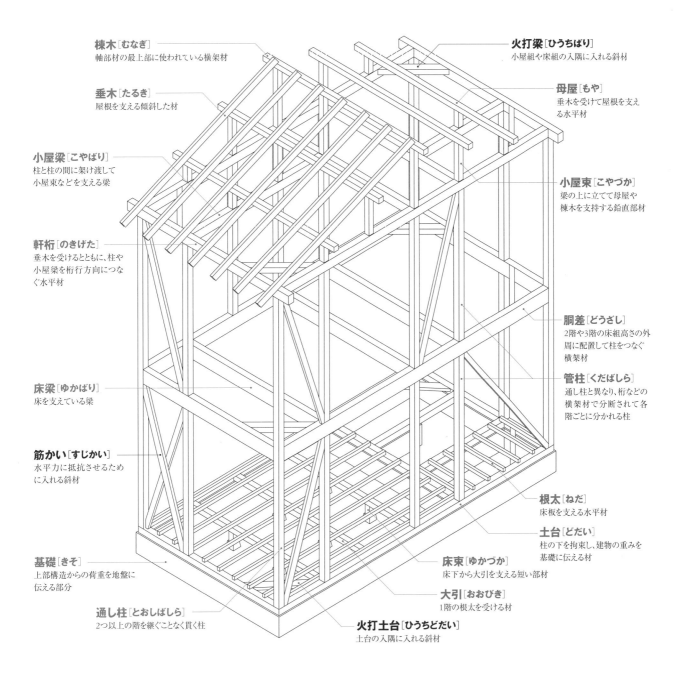

棟木[むなぎ]
軸部材の最上部に使われている横架材

垂木[たるき]
屋根を支える傾斜した材

小屋梁[こやばり]
柱と柱の間に架け渡して小屋束などを支える梁

軒桁[のきげた]
垂木を受けるとともに、柱や小屋梁を桁行方向につなぐ水平材

床梁[ゆかばり]
床を支えている梁

筋かい[すじかい]
水平力に抵抗させるために入れる斜材

基礎[きそ]
上部構造からの荷重を地盤に伝える部分

通し柱[とおしばしら]
2つ以上の階を継ぐことなく貫く柱

火打梁[ひうちばり]
小屋組や床組の入隅に入れる斜材

母屋[もや]
垂木を受けて屋根を支える水平材

小屋束[こやづか]
梁の上に立てて母屋や棟木を支持する鉛直部材

胴差[どうざし]
2階や3階の床組高さの外周に配置して柱をつなぐ横架材

管柱[くだばしら]
通し柱と異なり、桁などの横架材で分断されて各階ごとに分かれる柱

根太[ねだ]
床板を支える水平材

土台[どだい]
柱の下を拘束し、建物の重みを基礎に伝える材

床束[ゆかづか]
床下から大引を支える短い部材

大引[おおびき]
1階の根太を受ける材

火打土台[ひうちどだい]
土台の入隅に入れる斜材

• 上記の部材のうち、筋かいと火打梁・火打土台は鉛直荷重を負担しない

小屋束を支えているのは小屋梁である。小屋梁は2階天井の荷重も受けている[C]。この小屋組の荷重は、軒桁や間仕切桁（2階間仕切部分の柱の頭をつなぐ横架材）を伝って2階柱に流れる[D]。そして、胴差や間仕切梁（2階の壁・柱を支える横架材）などを伝って1階柱に流れる。

床組も同様である。積載荷重やフローリングなどの重み[E]は合板や根太を伝って床梁に流れる。床梁は1階天井荷重も受け[F]、胴差や間仕切桁（1階間仕切部分の柱の頭をつなぐ横架材）にその荷重を流す。ここで、小屋組の荷重も一緒になり[J]、1階の柱に流れる。

なお、間仕切桁、間仕切梁は本書で定義した部材名称である。モデル住宅の伏図作成の段階でこれらの役割を確認してほしい。

ここで、もう一度小屋組の荷重の流れを確認してみると、2階柱が負担した荷重[D]を胴差や床梁に負担させずに、直接1階柱に伝達できれば、胴差や間仕切梁などの負担が小さくなることが分かる。

鉛直荷重に対して丈夫な構造を設計するコツは、荷重が各抵抗要素に均等に分布するように梁や柱を配置すること

と、なるべく短いルートで荷重を地盤まで流すことである。

　鉛直荷重が均等に分布せず、集中している例を示す[p.16 図3a]。図中において、梁Aに対し、両側から床梁が架かっている。つまり、この床組上の固定荷重と積載荷重の多くが、梁Aに流れることになる。しかも梁Aには、上階の柱Aも載っている。上階の柱からは、屋根の固定荷重や積雪荷重などが流れてくるので、この梁にばかり負担がかかるのである。

　ここで、梁Aに強度の高い材料を使い、梁せいも大きくすればよいと考えるかもしれない。ところが、問題は梁だけではない。梁Aの荷重は柱Bと柱Cに流れるため、ほかの柱に比べこの2本の柱には大きな負担がかかる。木造軸組構法の柱は細長く、端部の固定状態がピン接合のため、比較的座屈（ざくつ）を起こしやすい。また、柱に大きな荷重をかけると、その下の土台や梁にめり込んでしまうこともある。

　では、この架構をどう改善したらよいだろうか。梁Aには、柱Aから受ける屋根の重量がかかるので、なるべく床荷重は負担させないよう床梁の方向を変えるという方法がある[図3b]。これにより、梁Aにかかる荷重が減り、同時に柱Bと柱Cが負担する荷重も小さくなる。

水平荷重に対する計画

　水平荷重には、地震力と風圧力がある。地震力は、①建物のなかで最も重い屋根や床に大きな力が加わり、②屋根面・床面を伝って、③壁に流れ、④基礎、地盤に流れる。風圧力は、風が屋根や外壁面にあたり、①屋根面や外壁面を支えている軒桁や胴差に力が流れ、②屋根面・床面に伝わり、③壁、④基礎、地盤へと流れる。

　木造軸組構法の水平荷重に抵抗するための部材が③の壁であることは、すでに広く認知されていることと思う。しかし、壁に水平力を伝える屋根面や床面も重要な部材であることまで常識になっているだろうか。

　たとえば、蓋（ふた）のない箱を想像してみてほしい[図4]。上面が開いた状態でそ

図3｜集中荷重とその分散方法

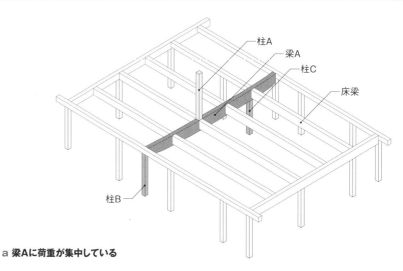

a 梁Aに荷重が集中している

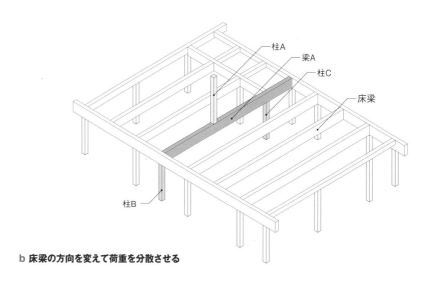

b 床梁の方向を変えて荷重を分散させる

の一辺を横から押してみると、力を加えた箇所の面が大きく変形してしまう[図4a]。次に箱を逆さにし、箱底が上になるように置く[図4b]。先ほどと同じように一辺を押してみる。箱の材質にもよるが、箱が床に固定されていれば、ほとんど変形しないだろう。箱の側面の強度は変わっていないのに、箱の変形量はまったく異なる。それは、上面が開いた状態のときは、押した力が箱の側面まで伝達されなかったからである。

　この箱の側面を建物の壁に置き換えてみると分かりやすい。十分に耐力壁を配置していても、その上部が固められていなければ、水平力は耐力壁まで伝達されず、屋根面や床面が先に破断してしまうおそれがあるのだ。屋根や床が完全に破断してしまえば、建物は崩壊に向かうだろう。この場合、耐力壁に力が流れる前に崩壊してしまうので、せっ

かく配置した耐力壁が役に立たない。つまり、耐力壁に水平力を負担させるためには、屋根面や床面を十分に固めておかなければならないのである。

　こうした、屋根面や床面など耐力壁を上部でつないで一体化している面のことを「水平構面（すいへいこうめん）」と呼ぶ。耐力壁の耐力を表す数値である「壁倍率」に対して、水平構面の耐力は「床倍率」で表す。床倍率は、平成13年国土交通省告示第1347号で定められている。その一部を表2に示した。これをもとに、床倍率の値を比較してみる。

　根太半欠き（根太せいの半分以上を床梁に落とす仕様）の場合、床倍率は1.6[表2①]。これに対して、厚合板を梁に直張りし、川の字に釘打ちした場合（合板直張り川の字釘打ち仕様）、床倍率は1.2[表2③]である。つまり強度は、根太半欠きの3/4であることがわかる。

図4｜水平構面の役割のイメージ

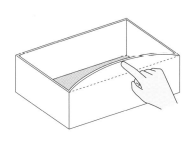

a 水平構面がない場合

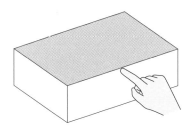

b 水平構面がある場合

表2｜面材張り床面の床倍率（平成13年国土交通省告示1347号より抜粋）

水平構面の仕様	床倍率
①構造用合板12mm以上、根太@340以下半欠、N50@150以下	1.6
②構造用合板12mm以上、根太@340以下転ばし、N50@150以下	1
③構造用合板24mm以上、根太なし直張り川の字釘打ち、N75@150以下	1.2

図5｜耐力壁の計画

この図では、2階耐力壁の下に1階耐力壁がなく、2階床水平構面に大きな負担がかかっているこれを解消するためには、内部にも耐力壁を配置するとともに、上下階の耐力壁線（建物上部から伝わってくる水平力を建物下部に十分伝達できるよう、一定量の存在壁量がある通りのこと）を一致させるのが有効である。

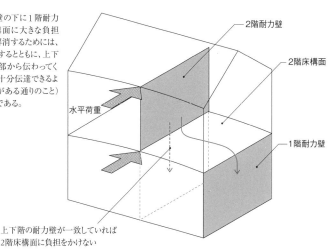

2階耐力壁
2階床構面
1階耐力壁
水平荷重

上下階の耐力壁が一致していれば
2階床構面に負担をかけない

　現在一般的に、厚合板を根太なしで直張りすると、それは「剛床（床面を剛に固めることによって、建物の水平変形を抑える床組）」であるととらえられ、採用されることが多くなっている。その場合、床倍率1.2倍の合板川の字釘打ち仕様であっても火打梁が省略されることが多いのではないだろうか。火打梁の役割は水平剛性を高めること、つまり床倍率を上げることである。従来から床倍率1.6の根太半欠き仕様でも火打梁は併用されていた。それより強度の低い川の字釘打ち仕様で火打梁を省略するのは再考すべきではないだろうか。実際、構造計算をしてみると、合板直張り川の字釘打ち仕様で、水平構面の強度が不足するケースは、決してめずらしくない。剛床ではない根太転ばし（床倍率1）[表2②]と比較しても、それほど強度が高くないことがわかる。合板直張り川の字釘打ち仕様でも、吹抜けの面積が大きいときや、下階の耐力壁の間隔が大きいときなどには、火打梁を配置したほうがよいだろう。

　水平荷重に対して丈夫な建物にするには、水平構面を固めることと抵抗要素である耐力壁を建物全体に均等に配置すること、そして上下階で耐力壁の位置を揃えることが重要である。

　耐力壁を均等に配置するには、外壁だけではなく、間仕切壁などにも耐力壁を設けるとよい。これは、耐力壁の上部を固めている水平構面のスパンを飛ばさないようにするためである。スパンを飛ばせば、その間で受ける水平力の合計値が大きくなり、水平構面全体が負担する力も大きくなってしまう。

　また、2階耐力壁の下に1階の耐力壁がないと、2階耐力壁にかかった水平荷重を直接1階に流せない。すると、2階の床面を伝って近くの1階耐力壁まで流さなければならず、この2階床水平構面に大きな負担がかかる[図5]。地震に強い住宅にするには、2階耐力壁の直下、またはその壁線上に1階耐力壁を設けるべきである。

「構造ブロック」で荷重の流れをつかむ

　本書の手順では、「構造ブロック」をもとに伏図を作成する[p.19参照]。構造ブロックは、荷重の流れを決定する枠組であり、伏図作成に先立って構造ブロックを設定することで、合理的な構造設計がしやすくなる。たとえば、構造ブロック

の側面が水平荷重を負担する主要な壁となるように構造ブロックを区画し、構造ブロックの壁にスムーズに水平荷重が伝わるよう、その壁の上部を桁で固め、四隅に火打梁を配置する。そうすると、鉛直荷重を上から下に流す構造材（柱・梁）と水平荷重を上から下に流す壁（それを構成する柱・梁）が一致し、シンプルな構造設計になる。

　水平荷重に抵抗する区画を固めた後、鉛直荷重を伝達するための小屋梁や床梁などを構造ブロック線上の桁に架けていく。このとき、鉛直荷重の流れも十分考慮しなければならない。たとえば小屋梁の場合、なるべく2階チェック図[p.25参照]で青○印をつけた柱（1・2階で位置が一致している柱）に小屋梁を架けるようにする。

　こうして伏図を描くと、構造ブロック線上の柱と梁が、鉛直荷重に対して構造上主要な部材となる。構造ブロックを活用して、構造上主要な柱・梁とそうでないものとを区別することにより、構造耐力に配慮した伏図が描きやすくなるのである。

直下率とは何か？

図1｜直下率チェック図の間仕切と柱の立体イメージ

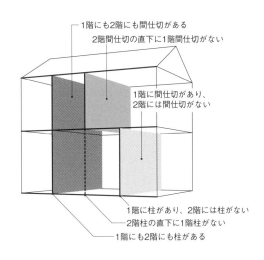

- 1階にも2階にも間仕切がある
- 2階間仕切の直下に1階間仕切がない
- 1階に間仕切があり、2階には間仕切がない
- 1階に柱があり、2階には柱がない
- 2階柱の直下に1階柱がない
- 1階にも2階にも柱がある

図2｜2階床に不陸を起こした事故事例における直下率分布

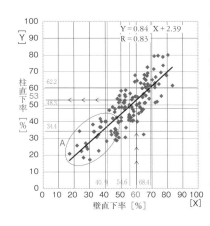

柱直下率の平均は48.3％。壁直下率の平均は54.6％。プロットAは低直下率が原因の事故事例が集中している。推奨値の壁直下率60％、柱直下率50％を上回ることで低直下率による事故を避けることができる。低直下率のプランは伏図の工夫で安全性を改善する余地はない。その他のプロットは直下率がある程度高くても設計などに問題のある事例だが、部分的な変更などで改善できることが多い

本書では「壁直下率」と「柱直下率」を用いて伏図を作成していく。

壁直下率は2階間仕切線[注]の直下に1階の間仕切線がある割合をいう。1階と2階が一致している長さが大きいほど直下率が高い。柱直下率も同様で、2階柱直下に1階柱がある割合を柱直下率という。これも1階と2階の柱が一致している本数が多ければ直下率が高くなる。1階柱と2階柱の位置が一致していれば、荷重は柱から柱へ効率よく伝達される。直下率が低ければそれだけ荷重は2階柱から横架材を経て1階柱へ伝達されることになり、横架材の負担が大きくなる。

直下率チェック図とその効用

壁直下率と柱直下率の数値を算出するためにつくる図面を「直下率チェック図」、あるいは単に「チェック図」と呼んでいる。1階チェック図は1階と2階の壁と柱が一致している部分と不一致の部分を色分けして表示する。壁も柱も不一致の部分は赤で表示し、要注意であることを視覚的に分かりやすく

表現するようになっている[**図1**][p.28]。また、2階チェック図には2階柱下に1階柱が一致している箇所を表示する[p.29]。

2階床梁の位置を決めるためには2階の柱位置（荷重の条件）と1階の柱位置（支持条件）の両方を考えて設計しなければならない。1階平面図と2階平面図の両方を見ながら設計するのが一般的だが、チェック図は間仕切線も柱も1階と2階の両方の情報が表示されている。そこで、チェック図を下敷きにして伏図を作成すれば、条件の見落としなどをなくすことができる。

特に2階チェック図には屋根の荷重条件はもちろんのこと、支持条件は2階柱下に一致している1階柱位置まで表示されているので、小屋荷重を1階柱へ効率よく伝達できるように小屋梁の位置を設計できる。

壁直下率と柱直下率の関係

図2は横軸を壁直下率、縦軸を柱直下率として多数の事故物件のデータをプロットしたものである[p.104参照]。2つ

の直下率はよく相関する。上下階の壁が多く一致して壁直下率が高ければ、柱直下率も高くなるのは当然といえる。本書では柱の直下率を50％以上にすることを推奨している。相関図から、柱直下率が50％となるための壁直下率はおおむね60％であることが分かる。間取り（間仕切と開口だけ）ができた段階で壁直下率を計算し、その直下率が60％以上ならば、柱直下率50％はほぼ確保することができる。

チェック図と直下率の利用方法

直下率は鉛直荷重の処理の良否を判定するよい指標になるが、直下率が高くても、部分的に問題のある物件が存在することが分かっている。したがって、直下率の数値だけでなく、直下率チェック図で読み取れる要注意箇所については、間取りの設計に戻って検討することが大切である。

注｜本書では、「間仕切線」と表記する場合、外壁線も指すことにする。また間仕切線あるいは間仕切は、壁・開口部・階段の昇降口や手摺壁・垂れ壁などを含むものとする

架構設計と伏図作成のための
基礎トレーニング4

構造ブロックの考え方

木造住宅の設計初心者がいきなり伏図をつくろうとしても、どこから取り掛かってよいのか分かりにくいというのが現状である。そこで、本書ではスムーズに架構設計・伏図作成に入れるようにするために、あらかじめ「構造ブロック」を設定している[p.32-35]。

構造ブロックは伏図作成のガイド役

「構造ブロック」は、読者にとって聞き慣れない言葉だろう。これは本書で定義した用語で、「四隅に配置される柱（ブロック柱）とその上下を結ぶ横架材（ブロック桁）で構成される構造単位」のことである。荷重を負担するなど、構造として働く立体の枠組ととらえればよい[図]。

また、木造住宅の架構全体は、いくつかの構造ブロックの集合体として考える。どのような構造ブロックの集合体とするかを「構造ブロックの設定」と呼ぶ。これは図のように断面で見るとイメージしやすい。

さらにたとえるなら、構造ブロックの各辺（ブロック桁）は、RCラーメン構造や鉄骨造では重要な柱や梁が配置されるグリッドにあたる。耐力壁線となることも想定され、構造上の重要な枠組である。

本書では、構造ブロックを設定し、伏図作成のときにその各辺に、主要な梁や基礎の立上り部分など構造上重要な要素を配置していく。また実際に平面計画との対応を検討すると、構造ブロックの四隅や構造ブロックの交点などの主要部分には柱（ブロック柱）が配置されることが望ましいということになる。逆に、隅に柱が配置されていない構造ブロックでは、その部分に構造計画上の特別な対策が必要であるということになる。すなわち、構造ブロ

ックをガイドとして架構設計を行うことにより、常時荷重（長期荷重）をバランスよく流していく伏図を作成する、あるいは、地震などの水平荷重に対してバランスよく耐力壁を配置するなどの構造計画をスムーズに行うことができるようになる[注1]。

構造ブロックと各伏図の対応

具体的に平面で見ると、外壁線および主要な間仕切線で囲まれた部分が一つの構造ブロックとなる。各階のプランから構造ブロックを設定しておき[p.28-31]、次にこれをもとに伏図作成を行う。小屋伏図は2階の構造ブロックをもとに、2階床伏図は1階構造ブロックを中心に2階構造ブロックを参考にして検討する。また、1階床伏図や基礎伏図は1階構造ブロックをもとに検討する。このように、架構設計と伏図を描く第一歩は構造ブロックの設定から始まる。

平面構成と構造ブロックの大きさ

構造ブロックの平面上の大きさは4P×4P（8畳間）を基本とし、たとえば、押入や床の間を含んだ6畳間（全体で4P×4P）や8畳間（全体で4P×5P）が構造ブロックの単位となる。木材の定尺長さを考えると、4P×5P（最上階では5P×5P）を最大辺長とするのが経済的である。また、便所・洗面所・浴室等の小さな部屋は大きくまとめて、3P×4Pなどの大きさの構造ブロックとする。階段廻りも大きくまとめて一つの構造ブロックとして設定する。まとめると構造ブロックの辺長はおおむね3P〜5Pを中心とするのが望ましいということになる。

注1｜構造ブロックを活用することで収納部分や小空間などの間仕切は構造から切り離して造作として扱うなど、増改築対応も考慮したスケルトン・インフィルのシステムづくりも可能となる

図｜住宅断面における構造ブロックの構成モデル

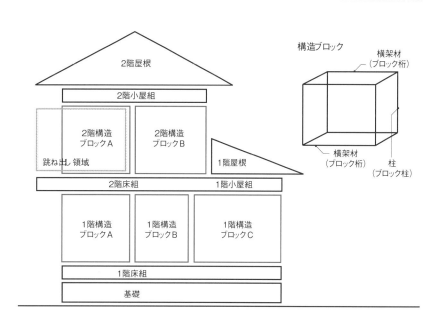

構造ブロックと
平面計画

構造ブロックの構成モデルと大原則

　図1の構造ブロックの構成モデルでは、同じ大きさの構造ブロックを横方向と上下方向に2つ重ねている。

　構造ブロックの大きさは、4P×5P（最上階では5P×5P）を最大とし、1P~4P×1P~5Pの大きさの構造ブロックを構成して、架構を構成していく。

　その場合の大原則を、以下に示す。この大原則を守ることにより、構造的に優れたプランが計画できるだけでなく、コストが安く生産性も高くなる。

　また、この構造ブロックの大原則を守ったプランニングで、狭小敷地や変形した敷地に柔軟に対応する自由な平面が実現できることもわかっている。

①構造ブロックの4隅には、必ず柱を配置する。

②2階構造ブロックの4隅にある柱の直下には、必ず1階の柱を配置する。

③2階構造ブロックの直下には、可能な限り1階の構造ブロックを配置する。

L字型平面での構造ブロックの構成

　L字型平面では、図2の左図のように、窓の位置によっては最も単純な構造ブロック2つによる構成ができない。

　窓の位置を変更してその位置に柱が配置できれば、2つの適切な構造ブロックにより構成できるが、意匠設計上、窓がその位置である必要があるという場合には、図2の右図のように、3つの構造ブロックにて構成して、構造ブロックの4隅に必ず柱を配置する。

雁行型平面での構造ブロックの構成

　雁行型平面における構造ブロックの構成の考え方を、図3に示す。

図1｜構造ブロックの構成モデルと大原則

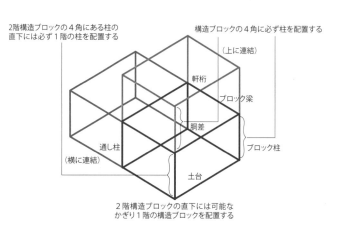

2階構造ブロックの4角にある柱の直下には必ず1階の柱を配置する
構造ブロックの4角に必ず柱を配置する
（上に連結）
軒桁
ブロック梁
胴差
通し柱
（横に連結）
ブロック柱
土台
2階構造ブロックの直下には可能なかぎり1階の構造ブロックを配置する

図2｜L字型平面での構造ブロックの構成

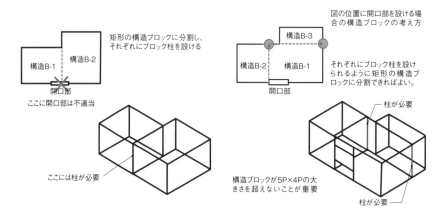

構造B-1　構造B-2
開口部
ここに開口部は不適当
矩形の構造ブロックに分割し、それぞれにブロック柱を設ける

図の位置に開口部を設ける場合の構造ブロックの考え方
構造B-3
構造B-2　構造B-1
開口部
それぞれにブロック柱を設けられるように矩形の構造ブロックに分割できればよい。

ここには柱が必要

柱が必要
構造ブロックが5P×4Pの大きさを超えないことが重要
柱が必要

図3｜雁行型平面での構造ブロックの構成

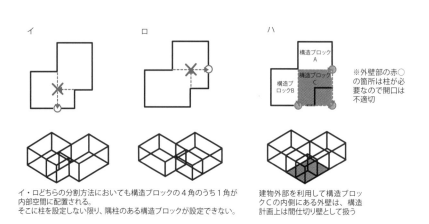

イ　ロ　ハ

構造ブロックA
構造ブロックB
構造ブロックC
※外壁部の赤○の箇所は柱が必要なので開口は不適切

イ・ロどちらの分割方法においても構造ブロックの4角のうち1角が内部空間に配置される。
そこに柱を設定しない限り、隅柱のある構造ブロックが設定できない。

建物外部を利用して構造ブロックCの内側にある外壁は、構造計画上は間仕切り壁として扱う

雁行型平面では偏心率が高くなり、地震時でのねじれや変形が大きくなりやすい。

図3の図イ、図ロのように構造ブロックを構成しようとすると、構造ブロックの4隅の柱のうち1隅が内部空間に配置される。すなわち、×印の部分に柱を設定する必要が生じる。また、設定しようとする構造ブロックの4隅に対応して外壁部分にも柱が必要となり、その位置には開口部は配置できない。

このように内部の適切な位置に柱の設定ができない雁行型平面では、例えば、図3の図ハのように建物外部を利用して構造ブロックCを設定する方法がある。具体例としては、玄関などの独立柱を利用して構造ブロックCを設定する方法である。この時は、基礎梁を配置する、地震時の引き抜きに対する対策をおこなうなど、構造ブロックとして固めることに留意する必要がある。

上下の構造ブロックが一致しない場合

図4のように、上下の構造ブロックが一方向で一致しない場合には、2階構造ブロックの4隅の直下には、必ず1階柱を配置する。1階下屋との境界部分の横架材には、集中荷重等がかかりやすく、その端部に柱がないのは危険である。

図5のように、上下の構造ブロックが二方向で一致しない場合には、3次梁が発生しやすい。この3次梁の横架材には、2階床荷重、小屋荷重、短期水平荷重がかかることになる。その負担は大きく、両端部には必ず1階柱を配置して適切な断面の横架材とする必要があるが、このような3次梁はできたら避けたい。

この場合には、図6の左図のように、可能であれば2次梁の端部（2階隅柱）直下に1階柱を配置する。

あるいは、図6の右図のように、バルコニー袖壁をつくるなどして、構造ブロックと間仕切りを別に考える。2階構造ブロックの4隅直下に1階柱を設け、バルコニー部分の外壁は構造ブロック内部の間仕切り扱いとする。

図4｜上下の構造ブロックが一方向で一致しない場合

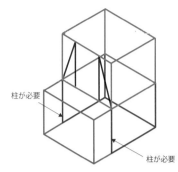

柱が必要

柱が必要

4P以上で集中荷重がある場合、端部に柱がないのは危険

図5｜上下の構造ブロックが二方向で一致しない場合

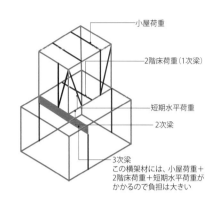

小屋荷重

2階床荷重（1次梁）

短期水平荷重

2次梁

3次梁
この横架材には、小屋荷重＋2階床荷重＋短期水平荷重がかかるので負担は大きい

図6｜上下の構造ブロックが二方向で一致しない場合での対策例

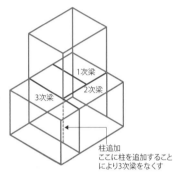

1次梁

2次梁

3次梁

柱追加
ここに柱を追加することにより3次梁をなくす

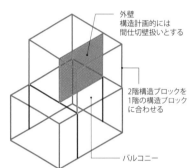

外壁
構造計画的には間仕切壁扱いとする

2階構造ブロックを1階の構造ブロックに合わせる

バルコニー

母屋下げ部の考え方

図7のような母屋下げの場合は、[2通り]の母屋下げ部に留意しないで全体を1つの構造ブロックとして設定すると、[1通り]と[6通り]に耐力壁がありさらに剛な水平構面であっても、[2通り]が水平力に対抗できない。

この場合には、母屋下げ部も独立した構造ブロックとして、2つの構造ブロックとして構成することが望ましい。さらに、以下に示すいずれかの対応が重要となる。
①[2通り]に耐力壁を設ける。
②母屋下げ部の上部に、剛な小屋床構面を設ける
③母屋下げ部の上部に、剛な屋根構面を設ける

図7｜母屋下げ部

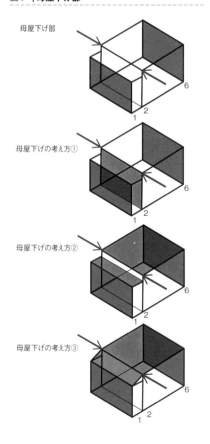

母屋下げ部

母屋下げの考え方①

母屋下げの考え方②

母屋下げの考え方③

モデル住宅平面図・立面図

2階平面図 [S=1:100]

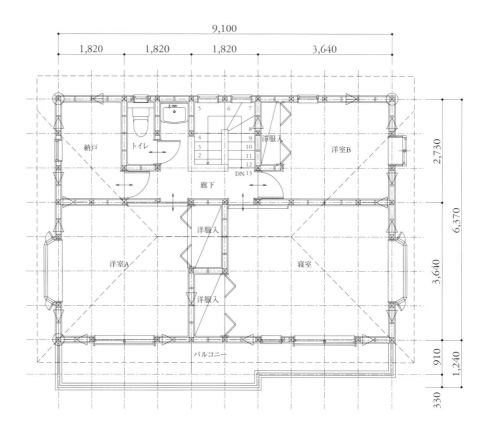

9,100

1,820　1,820　1,820　3,640

2,730
6,370
3,640
910
1,240
330

納戸　トイレ　廊下　洋室B　洋室A　寝室　洋服入　バルコニー　DN

1階平面図 [S=1:100]

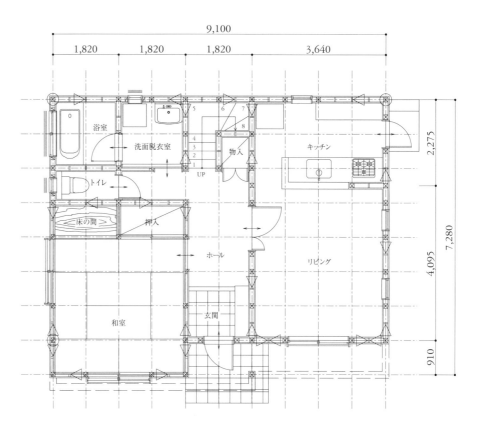

9,100

1,820　1,820　1,820　3,640

2,275
7,280
4,095
910

浴室　洗面脱衣室　物入　キッチン　トイレ　床の間　押入　UP　ホール　リビング　和室　玄関

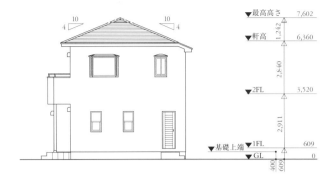

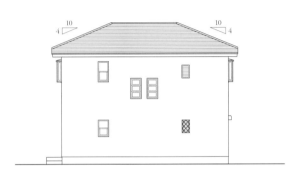

　このモデル住宅はおおむね総2階で、屋根は薄形スレート葺き4寸勾配(4/10)。屋根形式は寄棟だが北側は北側斜線制限を想定して、母屋下がりになっている。

　2階の南側は建物幅全体にバルコニーを設けている。バルコニーは西側が出幅1,240mm東側は出幅910mmの跳ね出しバルコニーとなっている。

　1階の平面構成は中央に玄関があり、玄関ホールの正面に階段がある。ホールの右手にLDと対面式のキッチン、左手に和室を設け、和室の北側に水廻りを配置している。

　2階は南側に2室、北東側に1室を設けている。南側の2室の間には収納を設けている。

　耐力壁は筋かいで構成し、水平構面は1階床組・2階床組・小屋組とも火打ちで固めている。

　2階床組は梁間隔を1モジュール(1P＝910mm)としている。また、基礎形式はベタ基礎である。

壁・柱直下率チェック図を作成する

2階チェック図の作成

2階平面図にグリッド線を入れ
番付を記入して作図開始！

1階チェック図の作成

1階平面図にグリッド線を入れ
番付を記入して作図開始！

1 地廻りや軒先線などを記入し、壁直下率の2階チェック図を作成 p.25

2 2階と1階の間仕切線を記入し壁直下率の1階チェック図を作成 p.26

3 壁直下率を計算 p.27

4 1・2階の柱位置をマークして壁・柱直下率の1階チェック図が完成 p.28

5 1階柱位置と一致する2階柱をマークして壁・柱直下率の2階チェック図が完成 p.29

6 柱直下率を計算 p.30

完了

完了

本書では、伏図の作成に入る前に、平面図をもとにして壁・柱直下率チェック図を作成する。

現在の木造軸組構法を見ていくと、設計者は水平荷重に関してはかなり意識しているが、鉛直荷重に関しては、当たり前のこととしてあまり注意を払っていないようである。しかし、建築主がより広い空間を求めるようになっていることや、敷地条件が必ずしも良好とはいえない状況のなか、構造的に無理をして2階床の不陸事故に至っているケースが少なからず発生している。

鉛直荷重について考えると、2階に壁や柱があったら、その下にその壁や柱を受ける梁が必要であるし、さらにその下には、その梁を受ける壁や柱が必要である。

そこで、2階の壁の下にどのくらい1階の壁があるか、2階の柱の下にどのくらい1階の柱があるかということを検討する必要がある。そのための方法が、直下率チェック図を用いた壁直下率、柱直下率の計算である。つまり、2階の壁・柱の位置と1階壁・柱の位置関係を分かりやすく表示したものが、直下率チェック図であり、2階の壁の下に1階の壁がどのくらいあるか、また2階柱の下にどのくらい1階柱があるか、それぞれの割合が壁直下率と柱直下率である[p.16参照]。

さらに直下率チェック図は1・2階の壁・柱の位置関係が分かりやすい特徴を生かし、このあとの構造ブロックの設定、伏図の作成段階で使用する。

直下率チェック図作成の準備

①用意するもの

定規(30cm程度のもの)、マーカー(赤と青)、色鉛筆(赤と青)、電卓。

ただし、Step 2以降は青色をグレー色で表している。

② 1・2階平面図に番付を記入する

X方向、Y方向ともに1モジュールごとにグリッド線を入れ、1階平面図に番付を記入する。一般的には右上を[い一]とする。次に、1階平面図に合わせて、2階平面図に番付を記入する。

壁・柱直下率チェック図 1

2階平面図に地廻りや軒先線などを記入し、壁直下率の2階チェック図を作成する

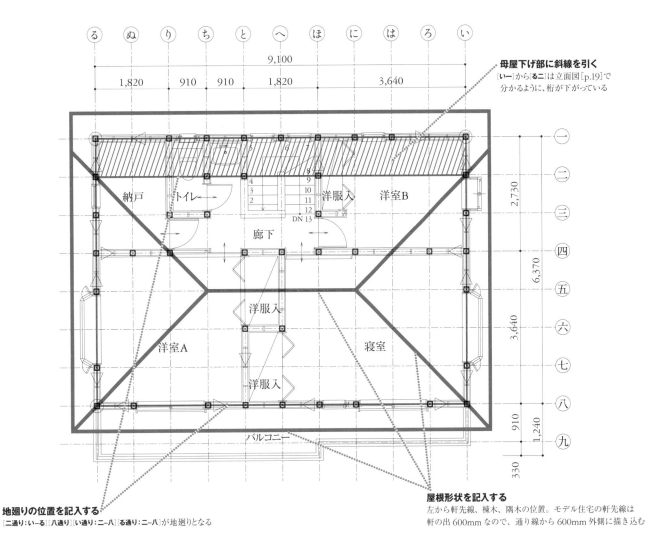

母屋下げ部に斜線を引く
[**い一**]から[**る二**]は立面図[p.19]で分かるように、桁が下がっている

地廻りの位置を記入する
[二通り：**い–る**]［八通り：**い通り：二–八**］［**る通り：二–八**］が地廻りとなる

屋根形状を記入する
左から軒先線、棟木、隅木の位置。モデル住宅の軒先線は軒の出600mmなので、通り線から600mm外側に描き込む

　直下率チェック図は、壁直下率の2階チェック図から作成する。まず、2階平面図を用意して、次の手順で記入していく。
①地廻りの位置を赤鉛筆で記入する。

　本書では、高さの基準となる主要な軒桁などの位置を地廻りという。また、その部材を指して地廻りという場合もある。モデル住宅では、立面図[p.23]を見ると分かるように、[**二通り**]の部分で母屋下げとなっているので、地廻りの位置は[**二通り：い–る**]［**八通り**］［**い通り：二–八**］［**る通り：二–八**］となる。

②母屋下げ部に赤鉛筆で斜線を引く。

　上図では、[**い一–る二**]の部分が母屋下げ部となっている。

③屋根の形状を青鉛筆で記入する。

　屋根形状は、立面図などを参考にして、軒線、棟木、隅木、谷木の位置を記入する。

　モデル住宅は寄棟屋根で、棟の四方に流れをもつ形状である。上図ではまず[**一通り**]［**八通り**］［**い通り**］［**る通り**］のそれぞれ600mm外側（軒の出）に軒先線を記入する。次に、棟木の線は[**に五–ち五**]である。隅木の線は、棟木の端部から45°の角度で記入する。隅木の線は[**に五–い二の外側**][**に五–い八の外側**][**ち五–る二の外側**][**ち五–る八の外側**]となる。

　なお、切妻屋根の場合は妻壁の位置に、入母屋屋根の場合は屋根上の妻壁の位置に波線を記入する。これは複雑な屋根の場合に、妻壁があることを見逃さないためである。

1階平面図に2階と1階の間仕切線を記入し、壁直下率の1階チェック図を作成する

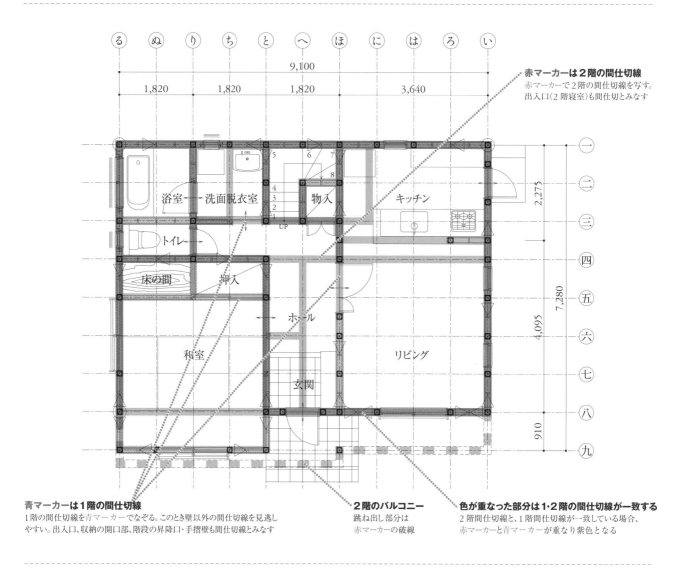

赤マーカーは2階の間仕切線
赤マーカーで2階の間仕切線を写す。
出入口（2階寝室）も間仕切とみなす

青マーカーは1階の間仕切線
1階の間仕切線を青マーカーでなぞる。このとき壁以外の間仕切線を見逃しやすい。出入口、収納の開口部、階段の昇降口・手摺壁も間仕切線とみなす

2階のバルコニー
跳ね出し部分は
赤マーカーの破線

色が重なった部分は1・2階の間仕切線が一致する
2階間仕切線と、1階間仕切線が一致している場合、
赤マーカーと青マーカーが重なり紫色となる

　1階平面図を用意し、2階平面図を参照しながら次の手順で進める。

①1階平面図に、2階の外壁線と間仕切線［**注1**］にあたる部分を、赤色のマーカーペンで写していく。

　このとき、出入口、物入・洋服入など収納部の開口部、階段の降り口・昇り口、階段の手摺壁も間仕切線とみなして記入する。上図で一例を挙げると、［**へ通り：六–八**］は2階の洋服入の開口部にあたる。また、バルコニーの部分は、赤マーカーの破線で記入する。この作業は番付を見て、間仕切線の位置や長さを確認しながら写すと、分かりやすく間違いがない。

②次に、①の1階平面図の外壁線と間仕切線を青色マーカーペンでなぞっていく。

　2階の場合と同様に、開口部や階段の昇降口などもなぞる。上図では、押入の開口部［**五通り：と–り**］、キッチンの垂れ壁［**又**

三通り：ろ–ほ］を間仕切線とみなしている［**注2**］。

　②の作業を進めると、2階の間仕切線の下に1階間仕切線がある部分は、赤色と青色が重なり紫色になる

　ここで注意したいのは、2色が重なっていない赤いラインの部分である。赤いラインのみの部分は、1階に間仕切がないことを意味する。そのため、梁などで2階間仕切を支えなくてはならないということが分かる。

　このように、壁直下率チェック図を作成すると、構造で注意しなければならない箇所が感覚的に分かる。

注1｜以降のページでは「間仕切線」と表記する場合、外壁線も指すことにする。間仕切線、あるいは間仕切は壁・開口部・階段の昇降口・手摺壁・垂れ壁などを含む
注2｜又三通りとは、三通りと四通りの間を指す

壁直下率の1階チェック図で
壁直下率を計算する

Step 1　壁・柱直下率チェック図
Step 2　構造ブロック図
Step 3　2階小屋伏図・屋根伏図
Step 4　2階床伏図
Step 5　1階床伏図
Step 6　基礎伏図

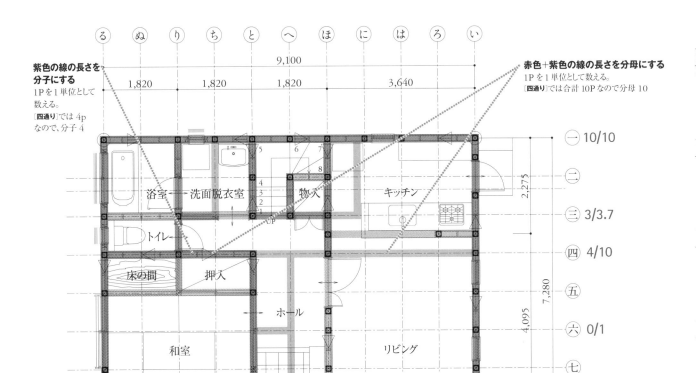

紫色の線の長さを
分子にする
1Pを1単位として
数える。
[四通り]では4p
なので、分子4

赤色+紫色の線の長さを分母にする
1Pを1単位として数える。
[四通り]では合計10Pなので分母10

X方向
23/34.7

Y方向 $\dfrac{27}{35}$　　壁直下率
71.7%

$$\dfrac{23+27}{34.7+35}=\dfrac{30}{69.7}=71.7\%$$

　ここでは、p.26の壁直下率1階チェック図を使って、壁直下率の計算を行う。壁直下率は2階間仕切線の下に1階間仕切線がある割合で、次のように計算する。

壁直下率＝1・2階で一致する間仕切線の長さ/2階の間仕切線の長さ ×100[%]

＝紫色の線の長さ/(赤色線の長さ+紫色の線の長さ) ×100[%]

　線の長さは、X方向・Y方向の各通りごとに、1P(1グリッド)を1単位として数えて集計する。また、455mmは0.5P、300mmは0.3P、610mmは0.7Pとして数える。

　以下の手順で、実際に**上図**を使って計算してみよう。
①各通りについて2階間仕切線の長さとして、赤色線と紫色線の長さを数え、分母として記入する。

　たとえば、[四通り]では赤色線の部分が[い四]から[と四]で

6P、紫色線の部分が[と四]から[る四]で4Pである。これを合計すると6P＋4P＝10Pとなるので、番付の右に[四通り]の分母として10と記入する。
②各通りについて1・2階で一致する間仕切線の長さとして、紫色線の長さを分子として記入する。

　①で数えたように[四通り]の紫色線の長さは4Pなので、分子として4と記入する。
③各通りの分母、分子をX方向・Y方向それぞれに集計する。このとき注意したいのは、分母は分母どうしを集計し、分子も分子どうしを集計することである(分数とは異なり、通分は不要)。**上図**ではX方向の集計23/34.7、Y方向の集計27/35となる。
④X方向とY方向の分母分子を各々合計し壁直下率を出す。**上図**では分母の合計は34.7＋35＝69.7、分子の合計は23＋27＝50となり、壁直下率は50/69.7＝71.7%となる。

壁直下率1階チェック図に1・2階の柱位置を マークし、壁・柱直下率の1階チェック図が完成

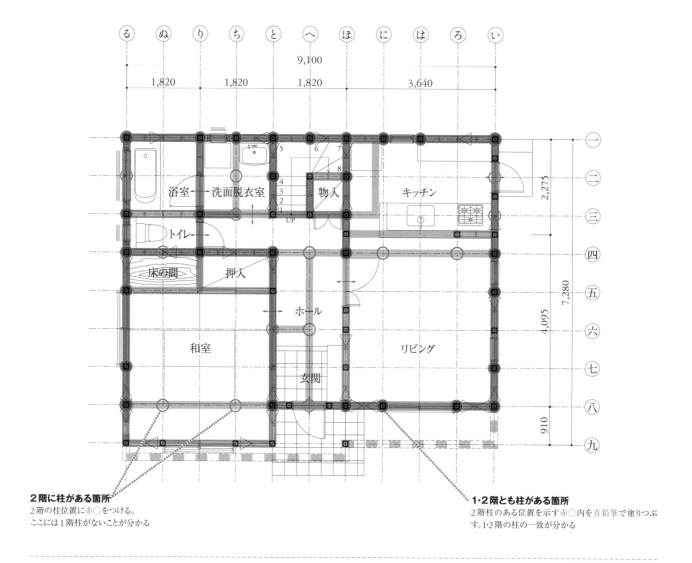

2階に柱がある箇所
2階の柱位置に赤○をつける。
ここには1階柱がないことが分かる

1・2階とも柱がある箇所
2階柱のある位置を示す赤○内を青鉛筆で塗りつぶ
す。1・2階の柱の一致が分かる

　ここからは、柱直下率について見ていくこととする。

　前のページで作成した壁直下率1階チェック図に、引き続き柱位置を記入していく。

①壁直下率の2階チェック図[p.25]を参照して、1階チェック図に、2階の柱位置を、赤鉛筆を使い赤○で記入する。

　このとき、○を少し大きめにすると、あとでチェック図が見やすくなる。

②2階の柱位置、つまり①で赤○を記入した位置で1階柱がある赤○内を青鉛筆で塗りつぶす。

　この塗りつぶした柱は、2階柱と1階柱の位置が一致していることを表す。また、赤○のみのところは2階柱の下に1階柱がないことを表している。

　上図では[**一通り**]の1階柱と2階柱はすべて一致していることが分かる。また、1階和室の[**ち八**][**ぬ八**]の位置には2階

に柱があるが1階には柱がないことが一目で分かる。

　このように、壁・柱直下率の1階チェック図を作成することで、構造的に注意が必要な部分が一目瞭然となる。

Step 1

壁・柱直下率チェック図 **5**

Step 1 壁・柱直下率チェック図
Step 2 構造ブロック図
Step 3 2階小屋伏図・屋根伏図
Step 4 2階床伏図
Step 5 1階床伏図
Step 6 基礎伏図

壁直下率２階チェック図に１・２階で一致する柱をマークし、壁・柱直下率の２階チェック図が完成

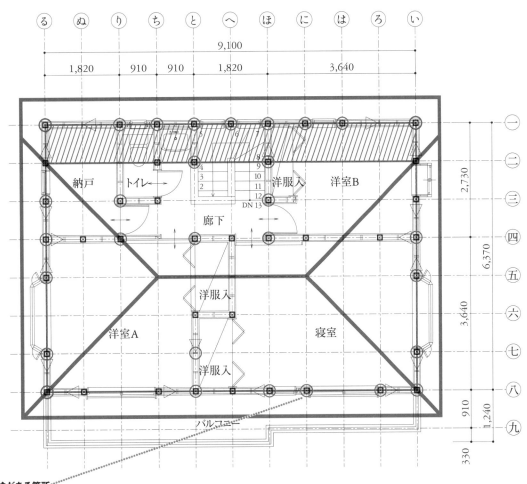

1・2階とも柱がある箇所
1階・2階の一致する柱に青○を付ける。
一致する柱は、p.24の1階チェック図で、赤○内を青鉛筆で塗りつぶした柱

////// 母屋下げ部 ── 地廻り

 p.25 で作成した壁直下率の２階チェック図にも、１階柱の位置を記入していく。

①p.28 の壁・柱直下率の１階チェック図を参照して、赤○内を青鉛筆で塗りつぶした柱位置を確認する。

②壁直下率の２階チェック図[p.25]を用意し、①で確認した柱と同じ位置の柱に青○をつける。

 これで壁・柱直下率の２階チェック図が完成となる。

 青○を付けた２階柱は１・２階で柱が一致していることを表しており、この図は２階屋根伏図と小屋伏図を作成するときにたいへん役立つことになる。たとえば、小屋伏図で小屋梁の架け方を検討する際に、１・２階で一致している柱に小屋梁を優先的に架ければ、屋根荷重を１・２階の柱を通して基礎に直接流すことができるので構造的に有利になる。２階チェック図はこうした検討の目安となるのである。

壁・柱直下率の1階チェック図で柱直下率を計算する

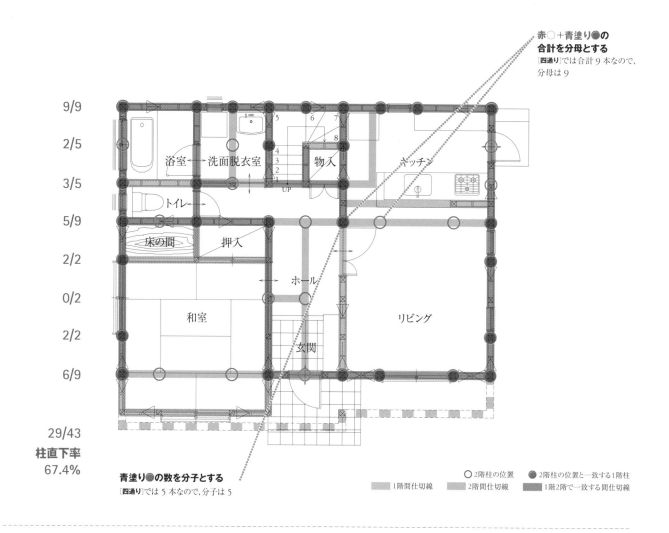

赤○＋青塗り●の
合計を分母とする
[四通り]では合計9本なので、
分母は9

9/9
2/5
3/5
5/9
2/2
0/2
2/2
6/9
29/43
柱直下率
67.4%

浴室 ← 洗面脱衣室　物入　キッチン
トイレ
床の間　押入　ホール
和室　玄関　リビング

青塗り●の数を分子とする
[四通り]では5本なので、分子は5

○ 2階柱の位置　● 2階柱の位置と一致する1階柱
▨ 1階間仕切線　▨ 2階間仕切線　▨ 1階2階で一致する間仕切線

　ここでは、p.28で作成した壁・柱直下率の1階チェック図を使って、柱直下率の計算を行う。柱直下率は2階柱の1階柱への乗り具合、つまり2階柱に対して、1・2階で柱位置が一致している割合を数値で表すものである。

　柱直下率は次のように計算する。

柱直下率＝1・2階で位置が一致する柱の数／2階柱の数
　　　×100[％]
　　　＝青塗り●の数／（赤○の数＋青塗り●の数）
　　　×100[％]

　柱の場合は、X方向、Y方向の別がないので、どちらか一方向の各通りごとに数え、集計すればよい。

　では、以下の手順で、**上図**を使って計算してみよう。
① 2階柱の数として、赤○の数と青塗り●を数え、分母として記入する。

　上図ではX方向で見ている。[四通り]について見ると、赤○は4本、青塗り●は5本なので、合計9本となる。図の左側に分母を9として記入する。同様にして、他の通りについても数えて記入していく。

② 1・2階で一致する柱の数として、青塗り●を数え、分子として記入する。

　上図ではすでに①で5本と数えたので、5と記入する。同様にして、他の通りについても数え、記入する。
③各通りの分母と分子をそれぞれ集計し、柱直下率を出す。

　壁直下率の計算のときと同様に、分子は分子どうしを、分母は分母どうしを足す。

　上図の各通りの分子どうしを集計すると29、分母どうしを集計すると43となり、柱の直下率は29／43＝67.4％となる。なお、この図で壁直下率と柱直下率の両方を計算してもよい。

壁・柱直下率チェック図　Step 1

構造ブロック図　Step 2

2階小屋伏図・屋根伏図　Step 3

2階床伏図　Step 4

1階床伏図　Step 5

基礎伏図　Step 6

直下率チェック図の作成で分かること

ステップ1では、壁・柱直下率のチェック図の作成と、直下率の計算を行ってきた。ここで、これらによって分かることについてまとめてみよう。

まず、1階チェック図[p.28]では、先にも述べたように2階の間仕切線がどのように1階間仕切線に乗っているかを見ることができる。赤色の間仕切線が多ければ、それだけ2階の壁を支える1階の壁が少ないといえるし、紫色の間仕切線が多ければ、2階の壁はより多く1階の壁で支えられているといえる。よって、赤色の線が多いとき、または部分的に赤色の線が集中しているような場合は、間取りを変更したり、梁などの架構で対応しなければならない。

2階チェック図[p.29]では、青○をつけた柱が多ければ、それだけ1・2階の柱が通っているので構造的に有利になる。しかし、青○をつけた柱が少ないと、架構として無理をしなければならなくなる場合が多い。またこの場合、1階に柱を追加したり、柱の位置を変更したり、場合によっては非構造柱にするなどの検討をしなければならない。

壁直下率と柱直下率の値をどのように評価するか

壁直下率と柱直下率については、法律等で規制されているものではないが、巻頭[p.9]、基礎トレーニング3[p.18]でもふれたように、壁直下率は60％以上、柱直下率は50％以上を確保することが望ましい。また、壁直下率が60％程度で柱直下率が50％以下の場合は、柱の位置に改善の余地があることが多く、壁直下率が50％以下の物件は、柱直下率の改善がむずかしい場合が多い。

図1、図2は、直下率を設計品質の管理指標として利用しているハウスメーカーのデータの一例である。このデータは、注文住宅の確定前の設計案を調査したものであり、同ハウスメーカーでは管理基準を壁直下率60％以上、柱直下率50％以上としている。各分布図のグレーの部分に該当する場合は要注意物件、赤の部分は要改善物件として管理している。検討した建物の直下率がどの位置にあるのかを見るために利用してほしい。ちなみに、モデル住宅の直下率が該当する箇所を図の下欄に書き込んであるが、いずれも良好な位置にある。

ここで、紹介した壁・柱直下率チェック図と直下率は、木造建築において、より安全な架構設計を行うためのツールとして多くの人に活用してもらいたい。

図1｜壁直下率分布データ

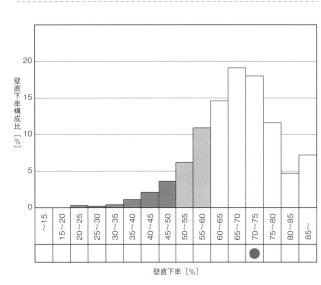

図2｜柱直下率分布データ

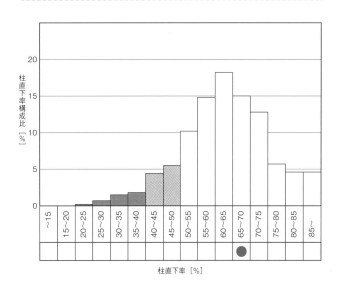

構造ブロックを設定する

2階構造ブロック図の作成

2階チェック図の上に
トレーシングペーパーを
重ねて作図開始!

1 主要な間仕切線で囲まれた部分を
2階構造ブロックとして設定　　　p.33

1階構造ブロック図の作成

1階チェック図の上に
トレーシングペーパーを
重ねて作図開始!

2 主要な間仕切線で囲まれた部分を
1階構造ブロックとして設定　　　p.34

3 跳ね出し領域を設定　　　p.35

完了　　　　　　　　　　　　　完了

　構造ブロックの設定は、構造計画上の重要な梁や壁、および柱の位置を意識しながら検討を進める。具体的には、外壁と主要な間仕切を中心に設定していく。構造ブロックの大きさは、小さすぎず大きすぎず、4P×4P(8畳間)程度の大きさを目安に設定するのが基本となる[p.17「構造ブロックの考え方」参照]。

　構造ブロック図は、壁・柱直下率チェック図をもとに作図する。チェック図の上にトレーシングペーパーを重ねて、耐力壁を配置したい壁位置、あるいは常時荷重をかけたい壁位置を確認しながら、なるべく単純な形状になるように設定していく。

設定するときの注意点

　構造ブロックの設定では、特に、①大きさ、②単純な矩形(四角形)であるか、③2階構造ブロックと1階構造ブロックの重なり具合はどうか、という点に留意する。

　①の大きさについては、前述のとおり1辺が3P-5Pを中心に4P×4P(8畳間)を目安に設定する。

　②の単純な矩形に関しては、実務上、意匠設計の内容によっては複雑な構造ブロックを設定せざるを得ないケースも出てくることに注意が必要である。その複雑な部分に対しては、とくに構造計画上の配慮が必要だが、一方で構造計画側からいえば、むやみに外壁に凹凸を付ける、あるいは主要な間仕切位置を複雑にずらす、といった設計は基本的に避けてほしいところである。

　③の2階構造ブロックと1階構造ブロックの重なり具合については、構造計画上は、外壁も主要な間仕切もできるだけ重なるほうが望ましい。重なっていない部分では、常時荷重も水平力も下階に伝わりにくいので、横架材の断面寸法や継手仕口位置や金物補強などに留意して工夫する、2階床を剛床にするなどの対策が必要である。特に2階構造ブロックの四隅の直下には、1階柱を配置するか、少なくとも四隅の柱を支える梁は両端に1階柱を配置したい。

跳ね出し領域の設定

　跳ね出し領域は外部空間や内部吹抜けに対して、バルコニーやオーバーハングなどを持出し梁で支える場合に設定する。その際には、近接する構造ブロックを含んだ形で設定する。このように早い時点で跳ね出し領域を設定するのは、持出し梁を根元で支える受梁の位置が、2階床梁の設計に大きな影響を与えるからである。また、受梁の位置は近接する構造ブロックの領域の内部で設定するという意味もある。

Step 1 壁・柱直下率チェック図

Step 2 構造ブロック図

Step 3 2階小屋伏図・屋根伏図

Step 4 2階床伏図

Step 5 1階床伏図

Step 6 基礎伏図

構造ブロック図 1

壁・柱直下率の2階チェック図をもとに、2階構造ブロックを設定する

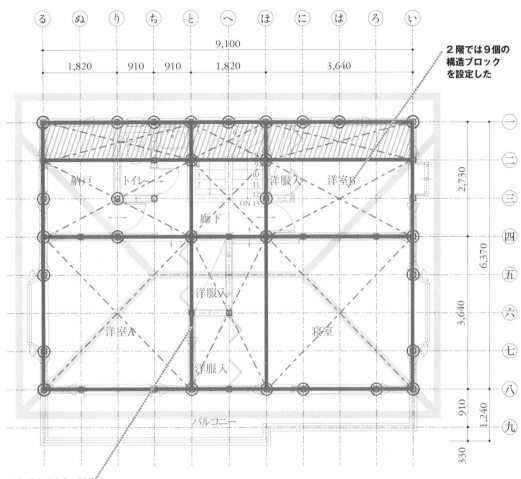

2階では9個の構造ブロックを設定した

1階構造ブロックと重なるように設定
1階構造ブロックとして想定される1階間仕切の上にある[と通り]を重視して設定

◎1階柱の位置と一致する2階柱　//////母屋下げ部

　2階構造ブロックは、2階直下率チェック図の上にトレーシングペーパーを重ねて書き込んでいく。

①周りの外壁線を実線で記入する。

　上図では[一通り][八通り][い通り][る通り]。

②母屋下げ部に構造ブロックを設定し実線を記入する。

　上図では [二通り]。北側の地廻りより下がっている部分（母屋下げ部）を構造ブロックとするので [二通り]に実線を記入する。

③主要な間仕切線で囲まれた部分を構造ブロックとして、実線で記入する。そのとき、基本的には、以下の④〜⑥の考え方に基づいて設定する。

　上図ではまず、[四通り][と通り][ほ通り：一−四]を主要な間仕切線とみなして記入する。

④最大5P×5P（最上階）を目安に、大きく数カ所の矩形ブ

ロックに分けて設定する。

⑤1階構造ブロックとなるべく重なるように設定する。

　上図の南側の部屋境では、[へ通り]ではなく[と通り]（1階構造ブロックとして想定される1階間仕切の上にある）を重視して寝室[い四−と八]、洋室 A[と四−る八]と設定。しかし、寝室は長辺が6Pで、5Pを超えるため、次の⑥により検討を加える。

⑥5Pを超えるなど、2階間仕切と重ならない構造ブロックを設定する場合には、1階構造ブロックとして想定される1階間仕切を意識する。

　上図では[ほ通り：四−八]を設定。

　上図のような検討を行い、2階では9個の構造ブロックを設定した。

壁・柱直下率の1階チェック図をもとに、1階構造ブロックを設定する

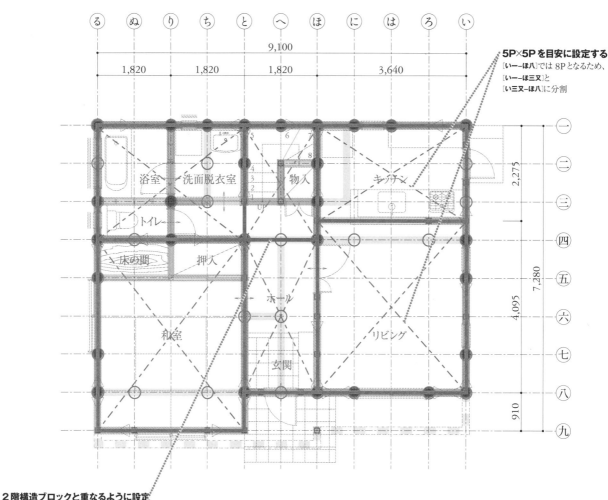

5P×5Pを目安に設定する
[い一-ほ八]では 8P となるため、
[い一-ほ三又]と
[い三又-ほ八]に分割

2階構造ブロックと重なるように設定
[四通り:ほ-と]に1階構造ブロックの区切りを入れる

1階構造ブロックは、1階直下率チェック図の上にトレーシングペーパーを重ねて書き込んでいく。基本的には、2階構造ブロックと同様の手順と原則によるが、上図に従って具体的に確認していこう。

①周りの外壁線を実線で記入する。

上図では[一通り:い-る][八通り:い-と][九通り:と-る][い通り:一-八][と通り:八-九][る通り:一-九]。

②主要な間仕切線で囲まれた部分を構造ブロックとして、実線で記入する。

[ほ通り:一-八][と通り:一-九][四通り:と-る]を主要な間仕切線とみなして構造ブロックを設定。

③大きく数カ所の矩形ブロックに分けて設定する。

上図では[と一-る四][と四-る九]を、トイレや廊下などの小空間をまとめた構造ブロックとしている。

④1階では、階段(+踊り場)や吹抜け部分は、それを内包する大きさの構造ブロックを設定する。

[ほ一-と四]のように、階段に接する廊下部分を加えて構造ブロックとした。

⑤最大4P×5Pを目安に設定されているか確認する。

[い一-ほ八]では 8P となるために、[又三通り]にあるキッチンの垂れ壁を意識して、[い一-ほ三又]と[い又三-ほ八]の 2 つに構造ブロックを分けている[注]。

⑥1階構造ブロックは、2階構造ブロックとなるべく重なるように設定。5Pを超えるなど、1階間仕切と重ならない構造ブロックを設定する場合には、2階構造ブロックを意識する。

2階構造ブロックと重なる[四通り:ほ-と]に1階構造ブロックの区切りを入れた。

注|又三通りは、三通りと四通りの間を指す

Step 2
構造ブロック図 3

1階構造ブロックに、バルコニーなどの
跳ね出し領域を設定する

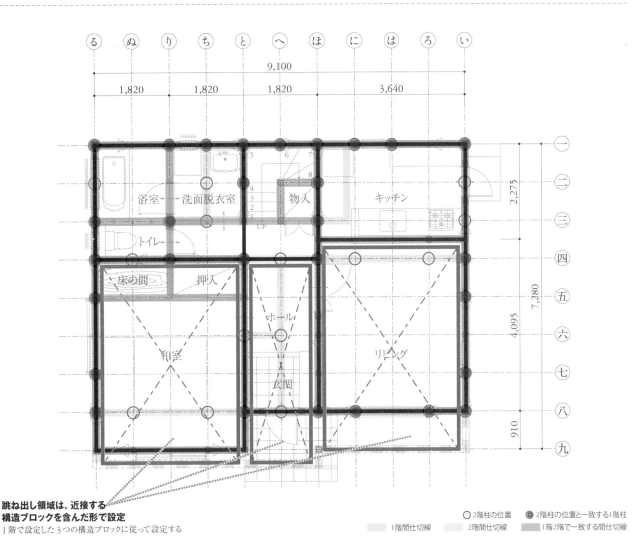

**跳ね出し領域は、近接する
構造ブロックを含んだ形で設定**
1階で設定した3つの構造ブロックに従って設定する

○ 2階柱の位置　　● 2階柱の位置と一致する1階柱
▨ 1階間仕切線　　▨ 2階間仕切線　　▨ 1階2階で一致する間仕切線

　跳ね出し領域とは、持出し梁でバルコニーなどを支える場合に、その持出し梁と、持出し梁を押える受梁を配置する領域のことである。従って、跳ね出し領域は、2階バルコニーや2階のオーバーハング部分を持出し梁で支える場合などに必ず設定する。同じく、住宅内部に吹抜けがあり、通路、あるいは部屋を持ち出したりするときにも設定する。

　持出し梁は、近接する床組から持ち出すが、それを押える受梁も近接する床組内に配置する必要がある。受梁を近接する構造ブロック内に配置するという意味で、跳ね出し領域は、近接する構造ブロックを含んだ形で設定する。早い段階で跳ね出し領域を設定するのは、持出し梁を支える受梁の位置が、2階床伏図を作成するときに、重要なポイントとなるからである。

　跳ね出し領域の設定は、1階構造ブロック図[p.34]をもとに行う。1階構造ブロックを書き込んだトレーシングペーパー

に、跳ね出し領域をさらに書き加えていく。
①近接する構造ブロックを含んで跳ね出し領域を設定する。

　モデル住宅では、2階南側全体にわたってバルコニーを設計しているので、持出し梁は南側全体に配置する。また、1階構造ブロックの南側では3つの構造ブロックが設定されているため、それに従い、[**い又三−ほ九**][**ほ四−と又九**][**と四−る又九**]の3カ所を、跳ね出し領域として設定する。

　なお、[**九又通り**]は九通りと十通り（省略）の間を指す。

注|このステップでは、各階の直下率チェック図を下敷きにしてトレーシングペーパーに作図しているが、各階直下率チェック図あるいは平面図のコピー上に、直接エスキスや清書をしてもよい

Step 123456

2階母屋伏図・2階小屋伏図を描く

2階小屋伏図の作成

2階チェック図の上に
トレーシングペーパーを
重ねて作図開始！

1 地廻りの軒桁などを配置する p.38-39

2 ブロック桁を配置する p.40

3 火打梁を配置する p.41

2階チェック図＋
2階母屋伏図の上に
2階小屋伏図の
トレーシングペーパーを重ねる

4 間仕切桁を配置する p.45

2階屋根伏図3の小屋束を転記する

5 小屋梁を配置する p.46-47

6 残りの小屋束を配置する p.48

7 振れ止めを配置する p.49

8 梁桁の断面寸法を決定する p.50-51

9 梁桁の継手位置を決定する p.52

完了

2階母屋伏図の作成

2階チェック図の上に
トレーシングペーパーを
重ねて作図開始！

1 棟木、隅木、谷木を配置する p.42

2 母屋を配置する p.43

3 主要な小屋束を配置する p.44

2階小屋伏図6の
小屋束を転記する

4 母屋の継手位置を決定する p.53

完了

これまでのステップを踏まえ、いよいよ伏図の作成に入る。ここからは、壁・柱直下率チェック図の上にトレーシングペーパーを重ね、下のチェック図の情報を見ながら作図を行う。

2階母屋伏図と2階小屋伏図は小屋組に関する図面である。通常、この2つの図面は1枚にまとめて描くことが多いが、本書では、多数の部材が関連することによる煩雑さを避けるために、別々に描くことにする。

2階母屋伏図では、屋根の形状や、屋根を支える部材として、棟木（むなぎ）、隅木（すみぎ）、母屋（もや）、小屋束（こやづか）を配置する。2階小屋伏図では、屋根を構成する部材を支持する小屋束、桁梁を配置するとともに、2階の柱などの上部をどのようにつなぐかを示す。つまり、別々に描くといっても、

図｜鉛直荷重の流れ

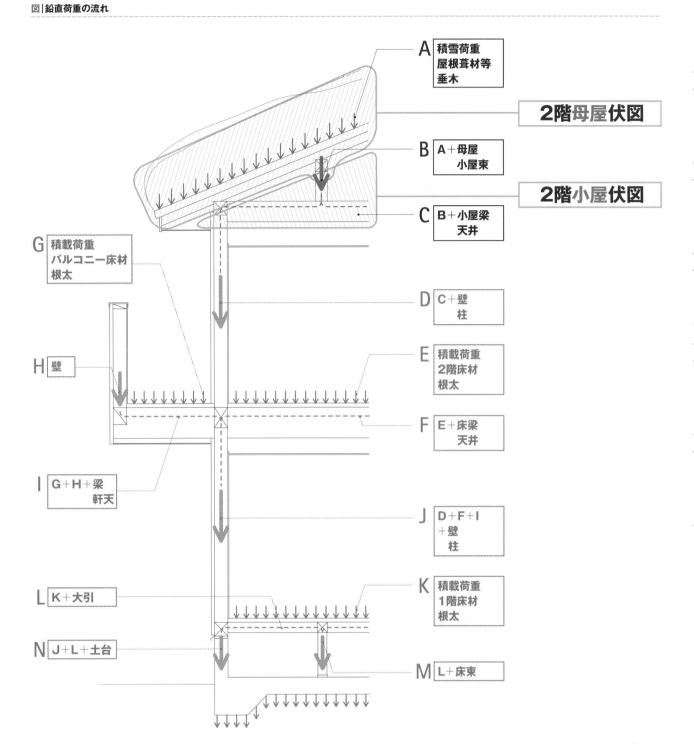

A｜積雪荷重 屋根葺材等 垂木

2階母屋伏図

B｜A＋母屋 小屋束

2階小屋伏図

C｜B＋小屋梁 天井

G｜積載荷重 バルコニー床材 根太

D｜C＋壁 柱

E｜積載荷重 2階床材 根太

H｜壁

F｜E＋床梁 天井

I｜G＋H＋梁 軒天

J｜D＋F＋I ＋壁 柱

L｜K＋大引

K｜積載荷重 1階床材 根太

N｜J＋L＋土台

M｜L＋床束

Step 1 壁・柱直下率チェック図

Step 2 構造ブロック図

Step 3 2階小屋伏図・屋根伏図

Step 4 2階床伏図

Step 5 1階床伏図

Step 6 基礎伏図

共通する情報があるので、それを互いの図面に転記しながら、同時進行で作図していく。この作図の流れをp.36のフローチャートで確認してほしい。

荷重に対する計画

作図にあたっては、常に荷重の流れを意識しなくてはならない。これから作図する部分と、そこにかかる荷重を**上図**に示す。2階母屋伏図に関わる垂木、母屋で受ける荷重は、主に屋根葺材の荷重と、垂木、母屋の自重である。また、屋根に積もる雪の荷重も受ける。

2階小屋伏図に関わる小屋梁などの梁や桁で受ける荷重としては、主に小屋束と軒桁を通して屋根荷重、さらに2階の各部屋の天井の仕上材と野縁などの下地材の荷重がある。そして、そ

れらの荷重は2階柱に流れる。

以上は鉛直荷重の話だが、水平荷重に対しては、水平構面を固めて荷重を耐力壁に伝えなくてはならない。本書では、構造ブロックを一つの構造単位として、各構造ブロックの四隅に火打梁を配置し、水平構面を固めるようにしている。

壁・柱直下率の2階チェック図をもとに、地廻りの軒桁などを配置する

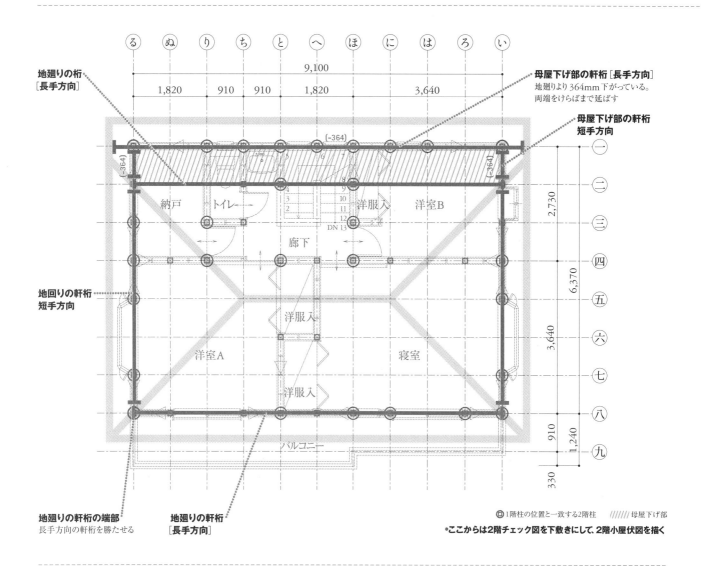

地廻りの桁
[長手方向]

母屋下げ部の軒桁[長手方向]
地廻りより364mm下がっている。
両端をけらばまで延ばす

母屋下げ部の軒桁
短手方向

地回りの軒桁
短手方向

地廻りの軒桁の端部
長手方向の軒桁を勝たせる

地廻りの軒桁
[長手方向]

◎1階柱の位置と一致する2階柱　/////// 母屋下げ部

●ここからは2階チェック図を下敷きにして、2階小屋伏図を描く

　2階小屋伏図の検討・作成は、地廻りの軒桁などを配置することから始める。本書で地廻りとは、高さの基準となる主要な軒桁などの位置、またその部材も指すものとする。これは小屋組を考えるときの基準となる。地廻りの軒桁などに小屋梁を架け渡し、その上に小屋組を構成していく。また軒桁は、外壁の軸組の柱の頭をつなぎ、屋根の荷重を柱に伝える役割も果たす。

　p.29で作成した壁・柱直下率の2階チェック図をもとに、構造ブロック図を参照しながら描く。本書では、各階の直下率チェック図にトレーシングペーパーを重ねて、平面と間仕切・柱位置などを確認しながら横架材を記入し、伏図を描くことを前提にしているので、まずは上図が2階チェック図を下敷きにしていることを確認してほしい。また、最初の手順である軒桁などを記入した状態が赤色ラインで示されている。このよう

に、各項目で新たに作図する部材は赤色のラインで、すでに作図した部材は黒色のラインで表すことにする。

　地廻りの軒桁などを配置する手順は以下のとおり。
①2階直下率チェック図にはすでに地廻りの位置を記入してあるので、それを確認する。
②地廻りのうち、長手方向（桁行方向）の軒桁を配置する。
[**八通り**]が地廻りの軒桁である。モデル住宅では北側が母屋下げ部となっており、[**二通り**]は地廻りの桁、[**一通り**]は母屋下がり部分の軒桁である。[**一通り**]の両端は屋根が部分的に切妻状になるので軒桁を軒先線まで延ばす。

　なお、長手方向の軒桁端部は、**上図**のように短手方向（梁間方向）の軒桁に勝つように記入する。この表記によって、仕口の勝ち負けがわかりやすくなる（受ける材である「下木」が勝ち。乗せ掛ける材である「上木」が負け）。

図1｜軒桁と小屋梁の組み方の種類

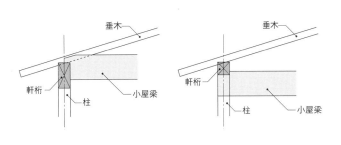

a 京呂組　　　　　　　　b 折置組

図2｜母屋下げ部の梁の架け方

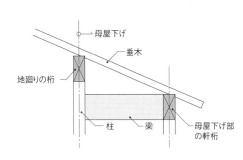

a 地廻りの桁下の柱に梁を差す場合

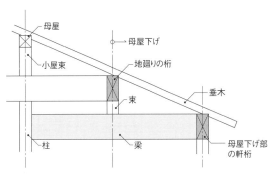

b 地廻りの桁下の柱がない場合

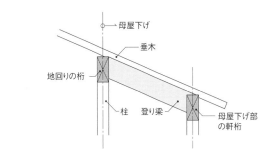

c 水平に梁を架けられない場合

③短手方向の軒桁を配置する。

　地廻りでは[**い通り：ニ–八**][**る通り：ニ–八**]、母屋下げ部は[**い通り：一–二**][**る通り：一–二**]に配置する。

④母屋下げ部の軒桁の下がり寸法を計算し記入する。

　屋根勾配が4寸(4/10)なので、910×0.4 = 364[mm]となる。

軒桁と小屋梁の組み方の種類。京呂組と折置組

　現代の木造住宅では、軒桁と小屋梁の組み方を京呂組とするのが一般的[**図1a**]。本書のモデル住宅も京呂組である。京呂組は、柱の上に桁を載せ、その上に小屋梁を載せる形式。側柱の柱間が不均等でも小屋梁が架けられるため、自由度が高い。一方、京呂組より古くからあるのは折置組と呼ばれる組み方である[**図1b**]。柱の上に小屋梁を架け、その上に軒桁を架ける方法で、側柱が等間隔に建つ建物に向いている。しかし、小屋梁の下に必ず柱が必要なのであまり行われない。

母屋下げ部の梁をどのように架けるか

　母屋下げ部の梁の架け方には3種類ある。

　まず、母屋下げ部の軒桁の高さで、地廻りの桁の下にある柱に梁を差す方法[**図2a**]。これは、p.38の母屋下げ部と同様である。このとき梁は壁などに隠れることになる。

　次に、地廻りの桁の下に柱がない場合は、母屋下げ部の軒桁から、地廻りより内側の柱に梁を差す[**図2b**]。さらに、母屋下げ部の軒桁から、地廻りの桁まで登り梁を架ける方法がある[**図2c**]。母屋下げ部に壁がなく、地廻りより低い位置で梁を架けると邪魔になってしまう場合の架け方である。モデル住宅ではp.49で母屋下げ部に架ける振れ止めがこの納まりになっている。

2階構造ブロック図を参照して、ブロック桁を配置する

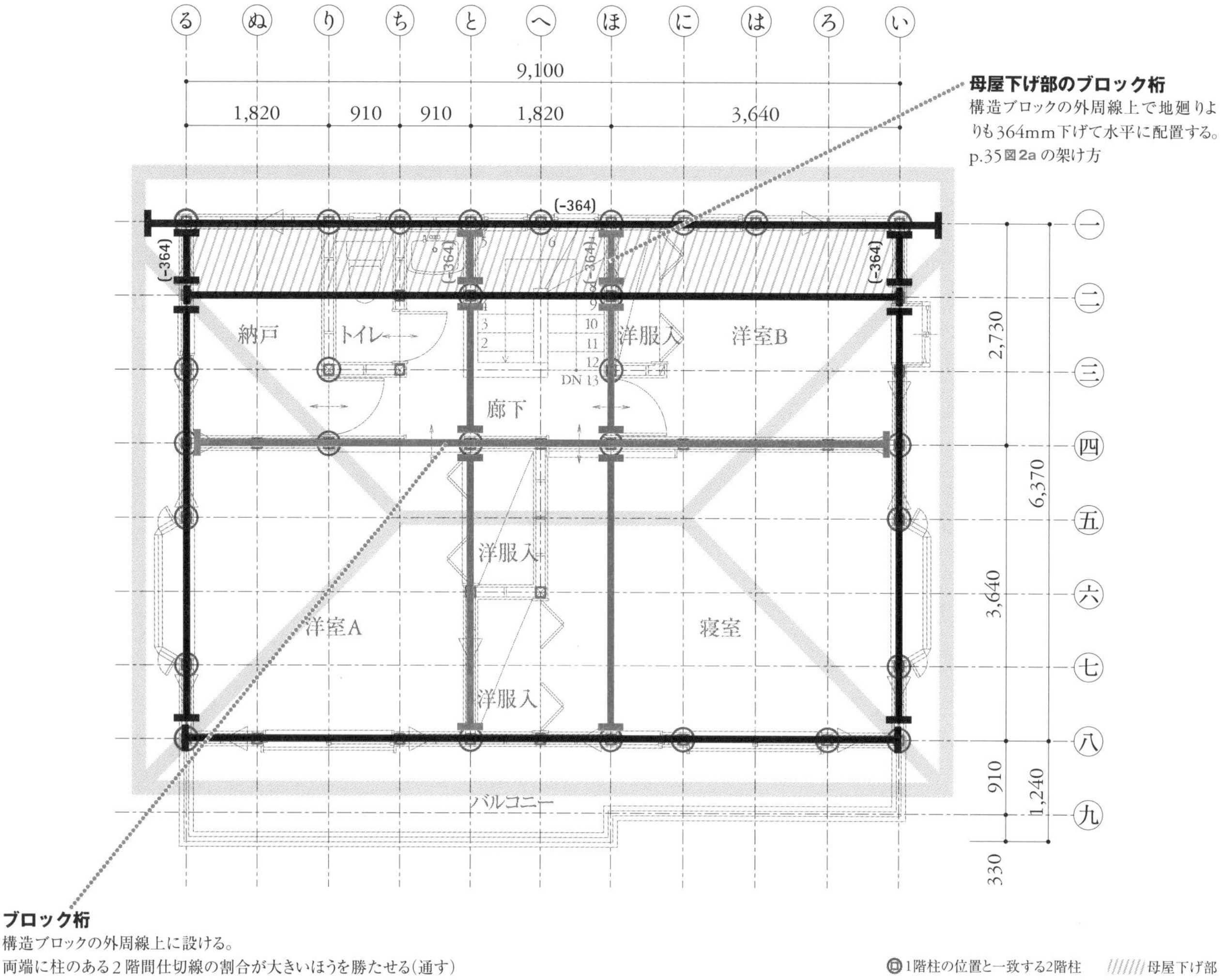
母屋下げ部のブロック桁
構造ブロックの外周線上で地廻りよりも364mm下げて水平に配置する。p.35図2aの架け方
ブロック桁
構造ブロックの外周線上に設ける。
両端に柱のある2階間仕切線の割合が大きいほうを勝たせる(通す)
1階柱の位置と一致する2階柱
母屋下げ部
納戸
トイレ
廊下
洋服入
洋室B
洋室A
寝室
バルコニー
9,100
1,820
910
910
1,820
3,640
2,730
6,370
3,640
910
1,240
330
(-364)

「ブロック桁」とは、本書で定義した用語で、構造ブロックの外周線の位置に設ける横架材(桁・梁)のことである。2階チェック図に設定した構造ブロック図[p.33]を参照して配置する。

①2階構造ブロックの位置にブロック桁を配置する。

上図のモデル住宅では6つの構造ブロックを設定しており、ブロック全体の四周にはすでに軒桁を配置してある。そこで、ブロック桁を、長手方向は[**四通り**]に、短手方向は[**ほ通り**]と[**と通り**]に配置する。

②構造ブロックの交差部分の勝ち負けを検討する。

構造ブロックの外周線が交差している部分は、両端に柱のある2階間仕切線の割合が大きいほうを勝たせて(通して)ブロック桁を配置する。交差部の[**と四**][**ほ四**]について検討すると、[**四通り**]は間仕切線/構造ブロック外周線＝10P/10Pで100%、[**と通り**]は4P/6Pで67%、[**ほ通り**]は2P/6Pで33%なので、いずれも[**四通り**]を勝たせればよいことが分かる。このとき建具も間仕切線とみなす。以上の手順から、ブロック桁が[**四通り**][**と通り:二–四**][**と通り:四–八**][**ほ通り:二–四**][**ほ通り:四–八**]に配置できた。さらに、母屋下げ部も同様に、構造ブロックの外周のところにブロック桁を配置する。[**ほ通り:一–二**][**と通り:一–二**]である。

なお、ブロック桁の勝ち負けを決める方法はほかにも考えられる。構造ブロックの形状が正方形に近いかたちになるようにする、2階小屋組のブロック桁と2階床組のブロック桁で勝たせる方向を変える、あるいは勝たせる方向を長手方向か短手方向に単純に決める、といった手法もある。これらのどれでもよい。

Step 3

Step 1 壁・柱直下率チェック図
Step 2 構造ブロック図
Step 3 2階小屋伏図・屋根伏図
Step 4 2階床伏図
Step 5 1階床伏図
Step 6 基礎伏図

2階小屋伏図 3

小屋組を固めるため
火打梁を配置する

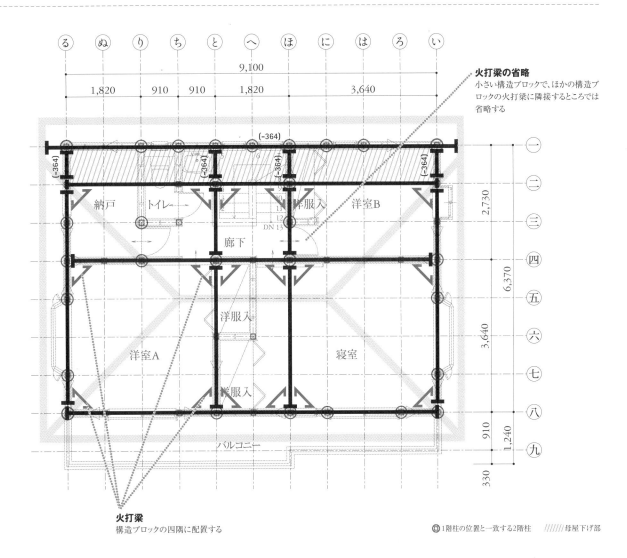

火打梁の省略
小さい構造ブロックで、ほかの構造ブロックの火打梁に隣接するところでは省略する

火打梁
構造ブロックの四隅に配置する

◎1階柱の位置と一致する2階柱　//////母屋下げ部

「水平構面」とは、2階床組、小屋組、屋根面などのことで、水平荷重を耐力壁に伝えるためのものである。今回の小屋組では、火打梁で水平構面を構成する。

①火打梁を、原則として構造ブロックの四隅に配置する。

これは、構造ブロックを1つの構造の単位と考え、構造ブロックごとに水平構面を構成するためである。[一通り–二通り]のように、母屋下げ部など、構造ブロックの外周線と地廻りが一致しない場合は、地廻りを優先して水平構面を構成したいので、地廻りの部分に火打梁を配置する。

②構造ブロック交差部の火打梁を検討する。

[四通り]のように構造ブロックが隣り合う場合は、小さいほうの構造ブロックの火打梁を省略することがある。これは、片側だけで水平構面としての十分な強さがとれるためと、構造ブロックが小さいところに火打梁を多く入れると、納まりが

複雑になるため。たとえば、洋室Bは、[いニ]左下、[ほニ]右下に配置し、[い四]左上と[ほ四]右上は省略する。

③火打梁1本あたりの負担面積が5.0㎡以下となるように配置する。

これは、品確法で定められている火打梁を使った水平構面で、最も床倍率が低い場合の火打梁の負担面積が、5.0㎡であることによる。ここで配置した火打梁について計算し、確認しておこう。上図の以下の区画で計算してみるといずれの火打梁の負担面積も5.0㎡以下となっている。

- 区画[とニ]–[る八] (3.64×5.46)㎡／6本＝3.31㎡／本
- 区画[ほニ]–[と八] (1.82×5.46)㎡／6本＝1.66㎡／本
- 区画[いニ]–[ほ八] (3.64×5.46)㎡／6本＝3.31㎡／本
- 区画[いニ]–[る四] (9.10×1.82)㎡／6本＝2.76㎡／本
- 区画[い四]–[る八] (9.10×3.64)㎡／12本＝2.76㎡／本

壁・柱直下率の２階チェック図をもとに、棟木、隅木、谷木を配置する

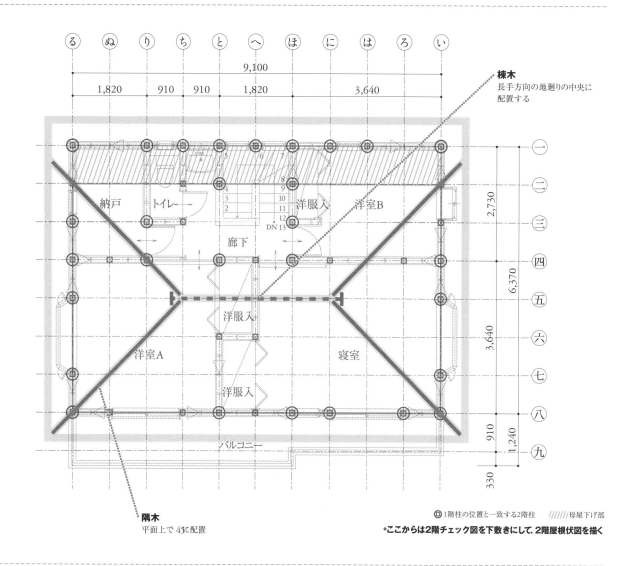

棟木
長手方向の地廻りの中央に
配置する

隅木
平面上で45°に配置

◎1階柱の位置と一致する2階柱　//////母屋下げ部

●ここからは2階チェック図を下敷きにして、2階屋根伏図を描く

火打梁を配置したあと、2階小屋伏図に、間仕切桁、小屋梁を配置するが、その際、母屋と主要な小屋束[p.36参照]の位置が決まっている必要があるので、この段階で2階小屋伏図の検討から2階母屋伏図の検討に移る。

2階チェック図の上に重ねていた2階小屋伏図用のトレーシングペーパーを、2階母屋伏図用のトレーシングペーパーに取り替えよう。そしてここに、「棟木」、「隅木」などを配置していく。

①屋根の形状を確認する。

今までみてきたとおり、このモデル住宅は寄棟屋根を基本とし、[一通り]と[二通り]の間が母屋下げ部になっている。2階チェック図に屋根形状が記入してあるのを、改めて確認してほしい。これに合わせて、棟木、隅木を配置する。屋根に谷がある場合は同時に谷木も配置するが、このモデル住宅の

屋根で谷になっている部分はないので、谷木は配置しない。

②棟木、隅木を配置する。

棟木は、長手方向の相対する地廻りの中央に配置する。上図では、[**二通り**]と[**八通り**]の中央部分にあたる[**五通り**]の[**五通り：に–ち**]である。隅木は、出隅から（谷木は入隅から）平面上で45°の角度で棟木まで配置し、軒先まで延ばす。上図では、[**いニ–に五**]、[**いハ–に五**]、[**るニ–ち五**]、[**るハ–ち五**]となる。

Step 3

Step 1　壁・柱直下率チェック図

Step 2　構造ブロック図

Step 3　2階小屋伏図・屋根伏図

Step 4　2階床伏図

Step 5　1階床伏図

Step 6　基礎伏図

2階母屋伏図　2

垂木、隅木、谷木を受ける
母屋を配置する

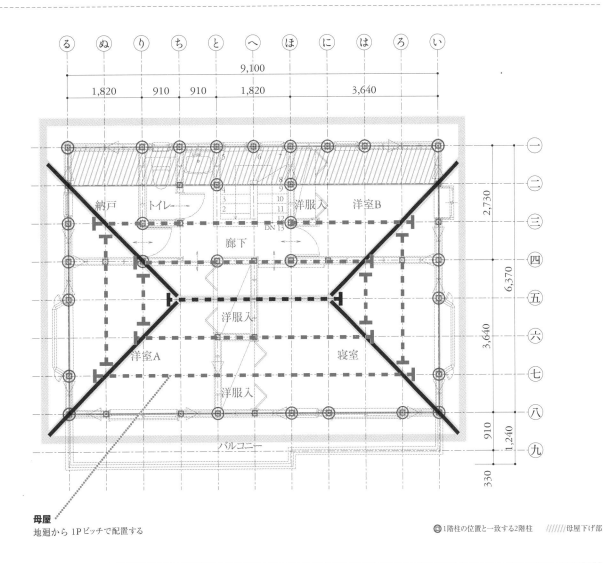

母屋
地廻から1Pピッチで配置する

◎1階柱の位置と一致する2階柱　　//////母屋下げ部

引き続き、2階母屋伏図の作図を行う。垂木を受けるための部材である「母屋」を、垂木に直交するように配置する。屋根が切妻の場合は、母屋の両端をけらばの端部まで延ばす。
①母屋を、原則として地廻りから1Pピッチで配置する。

　これは、垂木のスパンを1Pとしているためである。しかし、垂木の断面寸法を大きくすれば、母屋のピッチを1P以上とすることができる。

　上図では、長手方向の母屋は、[三通り：ろ‐ぬ][四通：は‐り][七通り：ろ‐ぬ][六通り：は‐り]。短手方向の母屋は、[ろ通り：三‐七][は通り：四‐六][ぬ通り：三‐七][り通り：四‐六]である。なお、モデル住宅では垂木の断面寸法を45×60としている。
②母屋のスパンは2Pが基本である。母屋のスパンが2Pを超える場合は断面寸法を大きくする。また、母屋のスパンは、母屋を受ける小屋束の位置で決まる。そのため、母屋の

スパンは3Pなどとせず、1P＋2Pとなるように小屋束の位置を検討する。小屋裏収納などがあるために小屋束が2Pピッチで配置できず、母屋のスパンが2Pを超える場合は母屋の断面寸法を大きくする。なお、母屋を支える小屋束の位置は、このあとp.48の「2階小屋伏図6」で決める。
③母屋下げ部を検討する。

　母屋下げがある場合は、垂木を地廻りの桁と母屋下げ部の軒桁で受ける[p.39 図2a]。また、母屋下げ部が1Pを超える場合は、母屋げ部にも母屋を1Pピッチで配置して垂木を受ける。上図の母屋下げは1Pであるので母屋は配置していない。

棟木、母屋の端部と隅木を支持する主要な小屋束を配置する

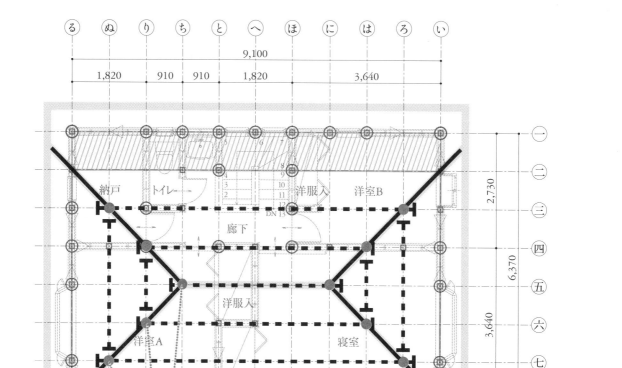

主要な小屋束
棟木端部と隅木の交点、隅木と母屋の交点に配置する

◎1階柱の位置と一致する2階柱　　//////母屋下げ部

「小屋束」は屋根、垂木、母屋に加わる荷重を、梁に流す鉛直部材である。本書では、棟木、母屋の端部、隅木、谷木を支持する小屋束を、屋根の形状の基本的な部分を支えることから、「主要な小屋束」と呼んでいる。小屋束は**上図**のとおり、●で表記する。

　主要な小屋束を順を追って配置していこう。
①棟木と隅木の交点部分に配置する。

　2階母屋伏図1［p.42］で配置した棟木と隅木の交点部分に、主要な小屋束を配置する。**上図**では［**に五**］［**ち五**］にあたる。
②次に、隅木や谷木と、母屋との交点部分に配置する。

　隅木や谷木と、母屋が交差する場所に、主要な小屋束を配置する。**上図**のモデル住宅の屋根は単純な寄棟形式で、4本の隅木で構成しており、谷木はない。主要な小屋束を

配置する箇所は、右上の隅木［**い二–に五**］では［**ろ三**］と［**は四**］。右下の隅木［**い八–に五**］では［**ろ七**］と［**は六**］。左上の隅木［**る二–ち五**］では［**ぬ三**］と［**り四**］。左下の隅木［**る八–ち五**］では［**ぬ七**］と［**り六**］の位置である。

　結果的に主要な小屋束は、隅木あるいは谷木の下に、地廻り［**い二**］［**い八**］［**る二**］［**る八**］から1Pピッチで配置することになる。

2階小屋伏図に戻り、間仕切桁を配置する

壁・柱直下率チェック図　Step 1

構造ブロック図　Step 2

2階小屋伏図・屋根伏図　Step 3

2階床伏図　Step 4

1階床伏図　Step 5

基礎伏図　Step 6

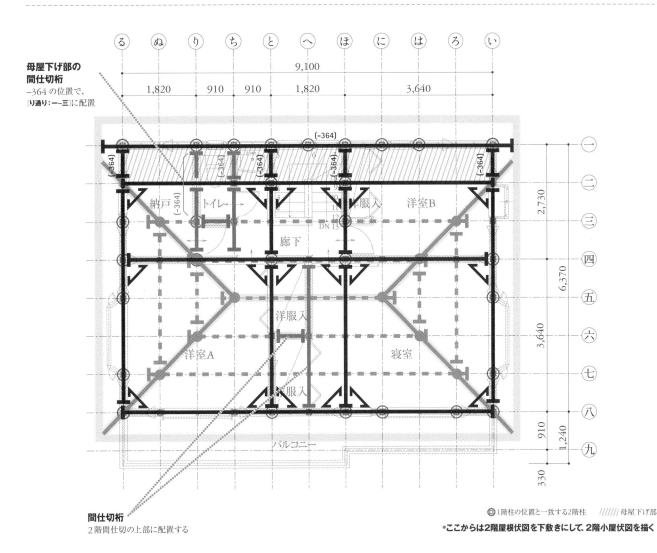

母屋下げ部の間仕切桁
−364の位置で、
[**り通り：一−三**]に配置

間仕切桁
2階間切の上部に配置する

◎1階柱の位置と一致する2階柱　//////// 母屋下げ部

●ここからは2階屋根伏図を下敷きにして、2階小屋伏図を描く

ここで2階小屋伏図のトレーシングペーパーを、2階母屋伏図の上に乗せて作図を進める。「間仕切桁（ま じ きりげた）」は本書の定義で、間仕切部分の柱の頭をつなぐ横架材とする。2階小屋伏図では、まだ横架材を配置していない2階間切の上部に配置して柱の頭をつなぐ。

①2階の間仕切のうち、まだ横架材が配置されていないところを確認し、間仕切桁を配置する。

上図では、寝室と洋室Aの間の洋服入れの部分[**へ通り：四−八**][**六通り：へ−と**]、トイレと納戸の部分[**ち通り：一−二**][**り通り：一−二、二−四**]。このとき、[**ち通り：一−二**]と[**り通り：一−二**]の間仕切桁は、母屋下げ部であることに注意する。[**り通り：一−二**]の場合、間仕切桁は地廻りより−364となるが、[**りニ**]に柱がないため壁内で[**り三**]の柱まで延びることになる[p.39 **図2b** 参照]。

②L字形部分の検討をする。

上図のトイレの[**ち三**]の部分では、間仕切壁がL字形になっている。このような場合は、原則として間仕切桁を配置しようとしている部分の両端部に2階の柱があるもの、または、母屋と直交する方向を優先して間仕切桁を配置する。**上図**では[**ち通り：二−四**]を優先して先に配置し、その後[**三通り：ち−り**]を配置する。

③造作扱い部分には間仕切桁は配置しない。

モデル住宅では、洋室Bの洋服入は造作扱い[**注**]としている。従って上図でも[**又に通り：一−三**][**三通り：又に−ほ**]に間仕切桁は配置しない（又に通りは、に通りとほ通りの間を指す）。

注｜構造的な柱は上部の荷重を受け、建物を支える役割をもつ。一方、上部の荷重を、柱ではなくその上部の床・梁で受け、柱には荷重がかからないようになっている場合を「造作扱い」という

主要な小屋束を支える 小屋梁を配置する

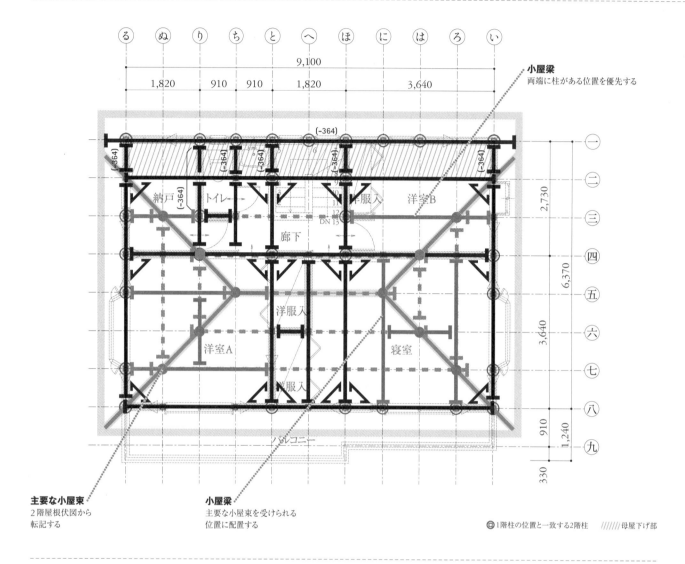

小屋梁
両端に柱がある位置を優先する

主要な小屋束
2階屋根伏図から
転記する

小屋梁
主要な小屋束を受けられる
位置に配置する

◎1階柱の位置と一致する2階柱　//////母屋下げ部

　「小屋梁」は、小屋束を支える横架材である。屋根、垂木、棟木、母屋などに加わる荷重が小屋束を介して小屋梁にかかる。これまでに配置してきたブロック桁、間仕切桁では受けられない主要な小屋束[p.44]を支えるためと、次項で配置する残りの小屋束を支えるための梁を配置していく。

①下敷きにした2階母屋伏図から主要な小屋束の位置を確認し、転記する。

②主要な小屋束を受けられる位置に小屋梁を配置する。

　小屋梁は短手方向に配置し、その両端を2階柱が受けることを基本にする。また、小屋梁を受ける柱が1・2階を通っていれば、屋根荷重を基礎まで直接流せることになるのでなおよい。つまり、2階チェック図上で青○が付けられた柱で小屋梁を受けるのが望ましく、これが小屋梁の配置を検討するときのポイントになる。一例として、上図での検討過程を述べてみよう。

　寝室では[ろ通り：四−八][に通り：四−八][六通り：ろ−に]に小屋梁を配置している。このとき、[六通り：ろ−に]ではなく[は通り：四−八]に通すことも考えられるが、[は八]は開口部の上部であり、[は四]には柱もないことから、スパンの短い[六通り：ろ−に]とした。

　洋室Aは、短手方向に小屋梁を架けるとすると、[ち通り：四−八]と[ぬ通り：四−八]、または[り通り：四−八]となるが、[ち通り：四−八]は、柱が[ち八]のみでなおかつ1階に柱がない。一方、[ぬ通り：四−八]は両側に柱はあるが、両端とも2階のみの柱であり、1階に柱がない。また、[り通り：四−八]に小屋梁を架けると、[ち五]と[ぬ七]の小屋束を支えるために小屋梁が必要になり、3次梁[p.75]が出てきてしまう。

　そこで、長手方向で小屋梁を架けられないか検討してみ

Step 1 | 壁・柱直下率チェック図

Step 2 | 構造ブロック図

Step 3 | 2階小屋伏図・屋根伏図

Step 4 | 2階床伏図

Step 5 | 1階床伏図

Step 6 | 基礎伏図

る。[る五][る七]はともに1・2階通っている柱なので、[五通り：と−る][七通り：と−る]に小屋梁を架けると、[る通り]の部分では、荷重を1・2階の柱を通して直接、基礎に流すことができる。そこで、[五通り：と−る][七通り：と−る]に小屋梁を架け、[り通り：五−七]に架けるようにした。

洋室B、納戸も同様の考え方で[三通り：い−ほ][三通り：り−る]とした。

③母屋、小屋梁のスパンを確認する。

原則として、母屋のスパンが2P以下となるように小屋束の位置を想定する。そしてその小屋束を受けられる位置で、小屋梁のスパンが小さくなるように、梁間方向に小屋梁を配置する。このときも、1・2階の柱が一致しているところを優先して小屋梁を架ける。左図の場合、梁のピッチが2P以上となっているところがなく、小屋束のピッチが2P以上となるところがないので、②で配置した梁のほかには、梁は追加していない。

小屋梁配置のポイント

一般に見受けられる設計例の一つに、1階の柱スパンを1間半以上飛ばした大開口がある。その場合の2階小屋梁の配置について、注意点を挙げてみよう。

大開口の上部のブロック桁に梁の両方向から小屋梁が架かる場合には、1本のブロック桁に荷重が集中するのを防ぐためどちらか一方の小屋梁の方向を変えて配置する[図1]。

また、小屋梁を配置した位置と2階柱、1階柱の配置位置によっては2階床梁（ブロック桁）の断面寸法の検討が必要となる。たとえば図2aの場合は、小屋組のブロック桁に加えて小屋梁が負担する荷重も2階柱から2階床梁にかかるため、この梁の断面寸法を決める際にはよく検討したい。あるいは図2bのように小屋梁の配置を変更すれば、2階床梁への荷重は軽減される。

このように2階の小屋梁の配置を検討するときは、小屋伏図だけで整合性を求めるのではなく、小屋梁の配置の仕方が2階梁（ブロック桁・床梁）に影響することを考慮しながら進めることが重要である。慣れないうちはむずかしいかもしれないが、設計作法としてぜひ身に付けていきたい。

図1｜小屋梁を配置するときのポイント

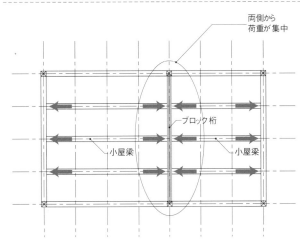

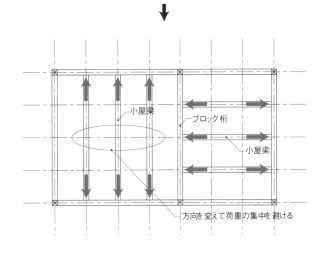

図2｜1階が大開口の場合の小屋梁配置例

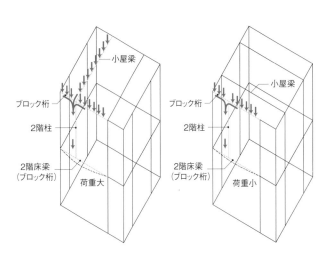

a 小屋梁の荷重が2階柱に加わる場合　　b 小屋梁の方向を変えた場合

母屋を受ける
残りの小屋束を配置する

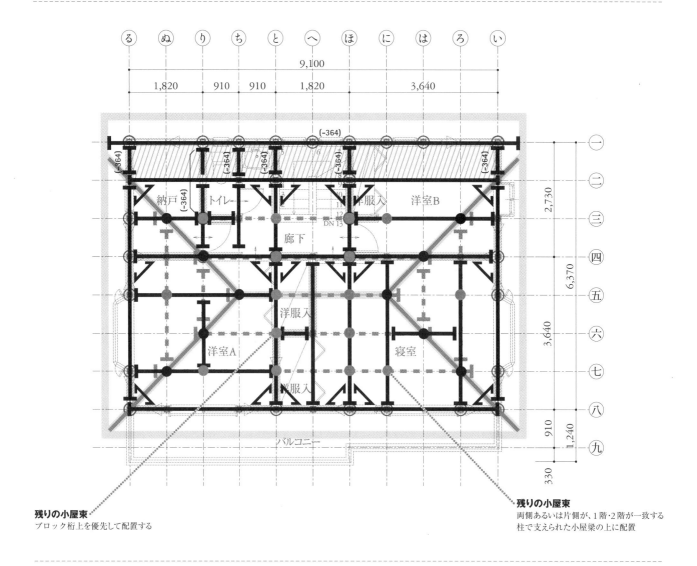

残りの小屋束
ブロック桁上を優先して配置する

残りの小屋束
両側あるいは片側が、1階・2階が一致する
柱で支えられた小屋梁の上に配置

「残りの小屋束」とは、2階母屋伏図3[p.44]で配置した「主要な小屋束」以外の小屋束のことである。主要な小屋束は、棟木・隅木と母屋との交点に設けたが、残りの小屋束は一定のピッチで母屋を受けていく。2階小屋伏図5[p.46-47]で、小屋束を受けるための小屋梁を配置したので、その小屋梁の上に残りの小屋束を配置していく。

①母屋の下に、原則として2Pピッチで配置する。

ただし、小屋裏収納などがある部分では母屋のスパンが2P以上になる場合もある。その場合は、母屋の断面寸法を大きくする。

②基本的に、構造ブロックのブロック桁上に優先して配置する。

上図では[ほ通り]と[と通り]がブロック桁で、2Pピッチとなっている。そこで[ほ通り]の[ほ三][ほ四][ほ五][ほ六][ほ七]、

[と通り]の[と三][と四][と五][と六][と七]に配置する。

③できるだけ、両側あるいは片側が青○柱(1・2階の柱が通っている柱)で支えられた小屋梁の上に配置する。

上図では、寝室の[ろ五][に七]、洋室Aの[り七][ぬ五]、洋室Bの[に三]、納戸・トイレの[り三]である。これらの小屋束が乗る小屋梁は、片側の支持柱は1・2階で位置が一致している。

④小屋梁の下に小屋梁がない場合は、小屋梁を追加する。

以上の原則で小屋束を配置していき、うまくいかない場合は、小屋梁の配置を再度検討してみる。

なお、ここで位置を決めた残りの小屋束は、2階母屋伏図にも転記しておく[p.53]。本書では2階母屋伏図・2階小屋伏図の両方に小屋束を記入した図を作成するためである。

Step 1 壁・柱直下率チェック図
Step 2 構造ブロック図
Step 3 2階小屋伏図・屋根伏図
Step 4 2階床伏図
Step 5 1階床伏図
Step 6 基礎伏図

Step 3
2階小屋伏図 7

梁や桁の振れ止めを配置する

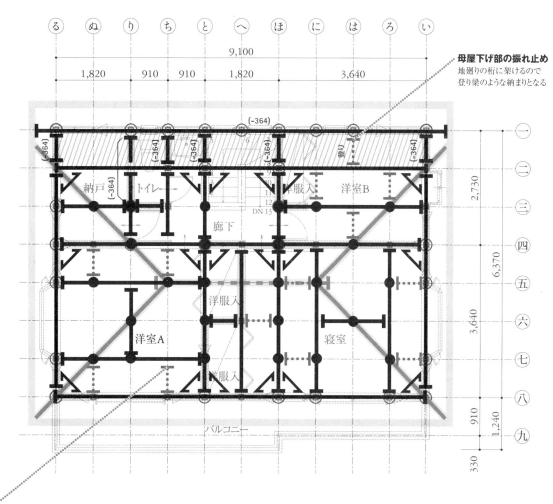

母屋下げ部の振れ止め
地廻りの桁に架けるので
登り梁のような納まりとなる

9,100
1,820 / 910 / 910 / 1,820 / 3,640

納戸 / トイレ / 廊下 / 押入 / 洋室B
洋服入
洋室A / 寝室
洋服入
洋服入
バルコニー

2,730 / 6,370 / 3,640 / 910 / 1,240 / 330

振れ止め
小屋梁の断面欠損を少なくするため、千鳥（乱）に配置

◉1階柱の位置と一致する2階柱　　//////母屋下げ部

「振れ止め」は、梁や桁が横座屈を起こすのを防ぐために設ける部材のことで、横座屈のスパンが4P以上になったときに配置する。基本的に上からの荷重を負担する部材ではないので、振れ止めには小屋束などを乗せないようにする。

振れ止めの配置の手順は以下の通り。
①梁桁の間に2P以下のピッチで配置する。
②同じ構造ブロックの内では、振れ止めの位置を千鳥（乱）に配置する。

これは梁桁の両側から同じ通りに振れ止めを架けると、十字交点となり、仕口が集中して受側の梁桁の断面欠損が大きくなるためである。これを避けるために、振れ止めは交互に位置をずらし千鳥に配置する。

上図の洋室Aでは、[**り通り:五−七**]間に小屋梁が配置されているので、この小屋梁と同じ通りに並ばないように[**ち**

通り:**七−八**][**ぬ通り:七−八**]に振れ止めを配置する。同様に、[**ち通り:四−五**][**ぬ通り:四−五**]にも配置する。

寝室では、[**六通り:ろ−に**]に小屋梁が配置されているので、振れ止めは、[**五通り:い−ろ**][**七通り:い−ろ**]に配置する。同様に[**五通り:に−ほ**][**七通り:に−ほ**]に配置する。最後に、[**六通り:ほ−へ**]に配置する。

洋室Bでは、寝室の小屋梁が、[**ろ通り**]と[**に通り**]にあるので、[**三−四**]間は、[**は通り**]に配置し、順に千鳥となるよう[**ろ通り:二−三**][**に通り:二−三**][**は通り:一−二**]に配置する。ただし、[**は通り:一−二**]は母屋下げになっているので、傾斜をとって登り梁のような納まりにする[p.39 **図2c**]。

ブロック桁、小屋梁などの断面寸法を決定する

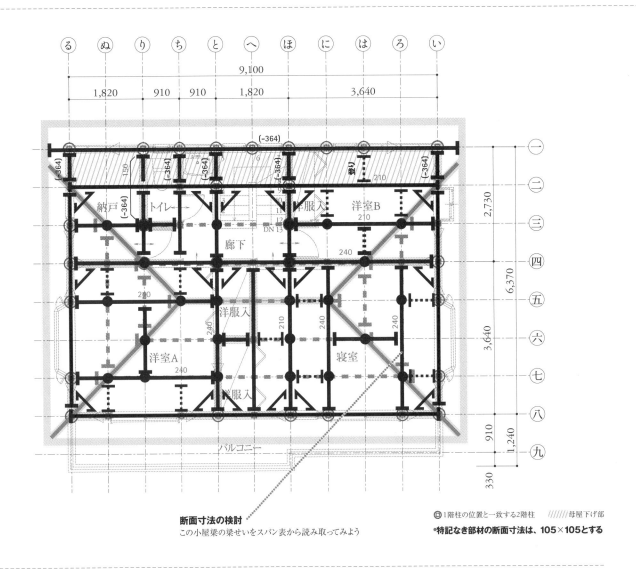

断面寸法の検討
この小屋梁の梁せいをスパン表から読み取ってみよう

◎1階柱の位置と一致する2階柱　//////母屋下げ部
特記なき部材の断面寸法は、105×105とする

前項までで、すべての梁桁（ブロック桁等）の配置が終わったので、次に梁桁の断面寸法（梁せい）を決める。

断面寸法の決め方としては、構造計算で決める方法と、スパン表で決める方法がある。構造計算をする場合は、より正確に断面寸法を決められるが、計算の手間がかかる。スパン表による場合は、検討したい梁の載荷条件を選び、表から該当箇所の数値を読み取ればよいので、比較的簡単に断面寸法を決めることができる。一方でスパン表は、安全側に断面寸法が決められているので、一般に断面寸法が大きくなる傾向がある。また、検討したい梁の載荷条件が、スパン表で設定している条件に該当しない場合も出てくる。その場合はなるべく条件が近いものを選択する。また、構造計算、スパン表で決めた断面寸法は最小寸法なので、継手仕口の納まり、施工性などを考えて、梁せいを大きく

する場合がある。また、大きくすることによって強度に余裕を持たせることもできる。

本書では、p.58 〜 59のスパン表（現代木割術研究会作成）を使って断面寸法を決定する。このスパン表はJAS製材（ベイマツE90）を使用し、梁幅は105mmとしており、検討する梁のスパン長さごとに、必要な梁せいを表から読み取るようになっている。例として、上図の[**ろ通り：四−八**]の梁について検討してみよう。

①検討したい梁と載荷条件が合う梁をp.59のアイソメ図から探し、梁の番号を読み取る。

スパン表には、梁の載荷条件を選ぶための4つのアイソメ図があり、小屋組[**図1**]、2階床組[**図2、3**]に分かれている。[**ろ通り：四−八**]は小屋梁なので、**図1**で該当する梁を見てみる。[**ろ通り：四−八**]の小屋梁は、小屋束を受けている梁

Step 1　壁・柱直下率チェック図
Step 2　構造ブロック図
Step 3　2階小屋伏図・屋根伏図
Step 4　2階床伏図
Step 5　1階床伏図
Step 6　基礎伏図

スパン表 ［抜粋 p.58–59 参照］

梁の種類	載荷状態	屋根の重さ	検討梁のスパン長さ［mm］			
			1,820 以内	2,730 以内	3,640 以内	4,550 以内
小屋梁等	①小屋束のみを受ける梁 a または垂木のみを受ける軒桁 b［図1］	重い屋根 軽い屋根	150 105	180 180	240 210	270 270
	②A 片側からスパン 1,820mm 以内の① の梁を受ける梁・軒桁［図1］	重い屋根 軽い屋根	150 150	210 180	270 240	330 300
	③B 片側からスパン 3,640mm 以内の① の梁を受ける梁・軒桁［図1］	重い屋根 軽い屋根	180 150	240 210	300 270	390 330

［**六通り:ろ–に**］を受け、右側は振れ止め［**五通り:い–ろ**］［**七通り:い–ろ**］のみなので、図1 では、図内②の梁に該当する。

②スパン表で「梁の種類」と「載荷状態」を見て、該当する箇所を選ぶ（上の**スパン表抜粋**を参照）。

　まず梁の種類は小屋梁である。次に、「載荷状態」の列を見ると「②A 片側からスパン 1,820mm 以内の①の梁を受ける梁・軒桁」にあたる。検討する梁がどれにあたるかは、アイソメ図と表の載荷状態を確認して選ぶ。

③スパン表の次の列「屋根の重さ」から、該当する種別を選ぶ。

　今回のモデル住宅の屋根は、スレートなどの軽い屋根であるので、下の段の軽い屋根の並びを見る。

④スパン表の次の列「検討梁のスパン長さ」で該当する梁せいの数値を読む。

　［**ろ通り:四–八**］の梁は、スパンが 4P で 3,640mm なので梁せいの最小寸法は、240mm となる。

屋根形状の種類と架構の注意点

　木造の屋根の形は代表的なものとして、寄棟、切妻、入母屋の 3 種類がある。それぞれの屋根の形によって架構設計上、注意すべき点がある。

　寄棟屋根は棟の端部から先の部分で、長手方向、短手方向の関係が逆転する。母屋と隅木を支持する小屋束と、その小屋束を受ける梁の配置を検討することが必要である［**図 a**］［p.46-47］。

　切妻屋根では、妻壁の部分の梁（妻梁）に屋根と妻壁の荷重がかかるため、十分な断面寸法をとらなければならない［**図 b**］。

　入母屋屋根は、寄棟屋根と切妻屋根を合わせた形になるので、双方の注意点を勘案する。つまり、寄棟部分の隅木を支持する小屋束とそれを受ける梁の配置、さらに妻壁部分を支持する小屋束の配置とそれを受ける梁の配置および断面寸法に注意が必要である［**図 c**］。

図｜屋根の形状と架構のポイント

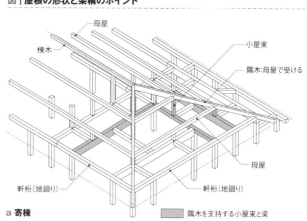

a 寄棟　隅木を支持する小屋束と梁

母屋／小屋束／隅木:母屋で受ける／棟木／軒桁（地廻り）／母屋／軒桁（地廻り）

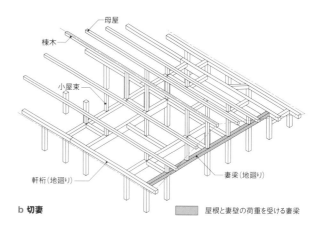

b 切妻　屋根と妻壁の荷重を受ける妻梁

母屋／棟木／小屋束／軒桁（地廻り）／妻梁（地廻り）

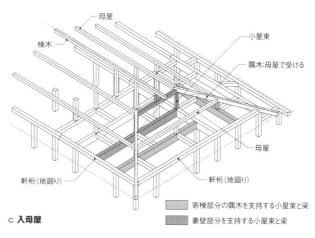

c 入母屋　寄棟部分の隅木を支持する小屋束と梁／妻壁部分を支持する小屋束と梁

母屋／小屋束／隅木:母屋で受ける／棟木／軒桁（地廻り）／母屋／軒桁（地廻り）

梁桁の継手位置を決定する。完了

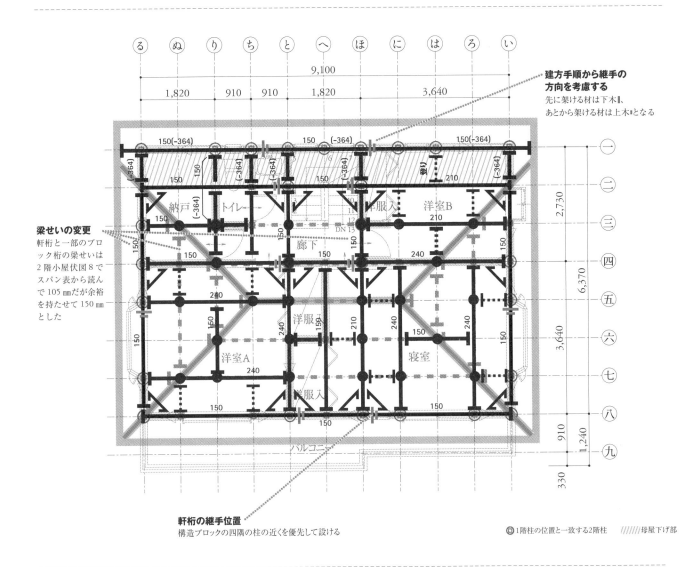

建方手順から継手の方向を考慮する
先に架ける材は下木▮、あとから架ける材は上木▮となる

梁せいの変更
軒桁と一部のブロック桁の梁せいは2階小屋伏図8でスパン表から読んで105㎜だが余裕を持たせて150㎜とした

軒桁の継手位置
構造ブロックの四隅の柱の近くを優先して設ける

◉1階柱の位置と一致する2階柱　//////母屋下げ部

　2階小屋伏図作成の最後に梁桁の継手の位置を決定する。
　継手は木材を長さ方向につなぐ接合方法のことである。梁桁に必要な長さが定尺長さを超える場合に、継手を設ける。継手部分は、一本の材よりも強度が著しく低いので、その位置や設け方には注意が必要である。
①継手が必要となる長い横架材（5m以上、主に軒桁、ブロック桁など）を確認する。
②木材の定尺長さ（5m、4m、3mなど）を考慮し、①で確認した横架材に、以下に挙げる事項に注意して継手を設ける。
・継手は、構造ブロックの四隅の部分の柱の近くを優先して設ける。それ以外の箇所でも柱の近くに設ける。
・継手位置での横座屈を防ぐために、継手を設ける梁桁に直交する横架材があるところに設ける。
・継手の下木「▮」のせいは、上木「▮」と同寸かそれ以上の寸

法となるように断面寸法を確認しながら継手の方向を決める。
・建方手順を考慮して、下木になる梁桁を先に架け、次に上木が架けられるようになっているかを確認する。
・継手の検討をしたあと、再度断面寸法を見直し下木と上木の関係などを整理する。
　上図において、建方を[る一]から始めるとし、[一通り:い–る]の軒桁で継手位置を検討すると、構造ブロックのコーナー部分にあたるのは[ほ一]、[と一]である。そして、定尺長さ4mを考えて[ほ一]の右に継手を設ける。残りの長さが、まだ5mを超えるのでもう1カ所設ける。構造ブロックのコーナーは[と一]だが、ここだと[一通り:ほ–と]が短尺材になるので[ち一]右に設けることとする。その他の梁桁も同様に継手を設ける。前頁では胴差を105×105としていたが、上図では強度に余裕を持たせて105×150に変更した。

2階母屋伏図　4

小屋束をすべて転記し、
母屋の継手位置を決定する。完了

Step 1　壁・柱直下率チェック図

Step 2　構造ブロック図

Step 3　2階小屋伏図・屋根伏図

Step 4　2階床伏図

Step 5　1階床伏図

Step 6　基礎伏図

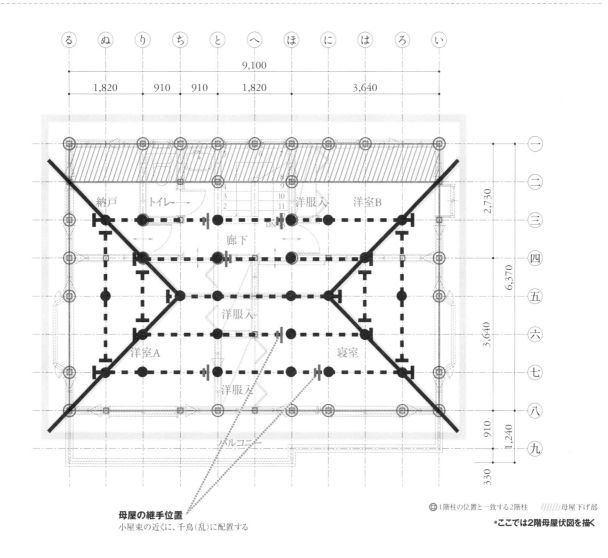

母屋の継手位置
小屋束の近くに、千鳥（乱）に配置する

◎1階柱の位置と一致する2階柱　//////母屋下げ部
●ここでは2階母屋伏図を描く

　2階母屋伏図でも最後に母屋の継手を決定する。まず、2階母屋伏図のトレーシングペーパーに、2階小屋伏図6[p.48]で記入した小屋束を2階母屋伏図に転記しておく。
①継手が必要な長い寸法の母屋（4m以上）を確認する。
　上図では、[三通り：ろ–ぬ][四通り：は–り][六通り：は–り][七通り：ろ–ぬ]の母屋である。
②次に、木材の定尺長さ（4m、3m）を考慮し、以下に挙げる事項に注意して継手を設ける。
・継手は小屋束の近くに設ける。
・継手が同じ通りに並ばないように千鳥（乱）に配置する。
・切妻屋根のときには、母屋や棟木が天秤にならないように継手を設ける。
　上図[三通り：ろ–ぬ]は、長さが7,280mmあるが、小屋束の近くに継手を設けようとすると、1カ所だけでは残り寸法が

定尺4mを超えてしまう。母屋の真ん中近くの小屋束の位置が[ほ三][と三]なので、それぞれ[ほ三]左、[と三]左に継手を設ける。[四通り：は–り]は、長さが5,460mmで2本に分ければ定尺の4m以下となる。また、[三通り：ろ–ぬ]の継手位置と同じ位置にこないように配慮し[と四]右に継手を設ける。同様にして[六通り：は–り]では[ほ六]左、[七通り：ろ–ぬ]では、[に七]左、[と七]左にそれぞれ継手を設ける。
　継手位置に関しては注意すべき事柄が多い。小屋伏図の梁桁の継手位置[p.52]、上記の母屋の継手位置についても分かりにくい点があるだろう。本書ではp.88～91の「知っておきたい設計ポイント　継手位置編」で、継手を設ける際の条件、避けたい継手位置とその優先順位などについてまとめてあるので参照してほしい。なお、上図では垂木の表記を省略している。

プレカット継手仕口の形状と使用部位

木造の場合、継手仕口はお互いの材を刻み、はめ込むようにして接合する。長い歴史のなかで、その技術は大工の間で伝承されてきたが、最近ではあらかじめ工場で機械によって加工することが多くなってきている。そのことを「プレカット」という。

継手仕口の加工形状は多種多様だが、プレカットで一般的に加工される継手仕口は限られているので、その名称と、どこにどのように使うのか代表的なものは押さえておきたい。

継手仕口の向きは組み順に影響する

継手や仕口の位置や向きは、建方手順を決定する根拠になるので非常に重要である。継手や仕口部分では、一方の木材にもう一方の木材を差したり乗せ掛けたりして組んでいくので、それら2本の木材を配置する順序は自ずと決まり、逆にはできない。通常、仕口や継手は、乗せ掛ける材（上木、男木などという）を組む前に、受ける材（下木あるいは女木）を配置しておかなければならない。しかしながら、プレカット工場に加工を依頼する際、伏図を添付していても、現場で組めない図であることが分かり、工場で描き直されているケースは少なくない。

典型的な例としてまんじ（卍）組がある。どの材を最初に配置すればよいのか判断できないような、ループ状の組み方になっているのである［図1a］。大工が現場での施工性も考慮したうえでまんじ組を採用する場合はともかく、設計者はこのような設計をしてはならない。

伏図を描く際にまんじ組を避けるには、最初に適切な構造ブロック計画を行うことが最も有効である［p.32-35参照］。構造ブロック線上に梁桁を配置し

たら、それ以外の梁桁は、すでに配置されている梁桁の上から乗せ掛けていくだけなので、まんじ組は起こりえない。つまり、構造ブロック線上の梁桁のみ注意すればよい。構造ブロックそのものがまんじになっている場合、梁もまんじ組になりやすい［図1b］。構造ブロック計画時によくチェックするよう心がけたい。

プレカットで登場する継手仕口の形状

では、継手仕口の種類のうち、プレカットでよく用いられるものを確認しよう［図2］。プレカットの継手仕口の加工形状は、大工が加工してきたものに近いかたちをしており、各々の名称も同じだが、機械で成形しやすくするために少し変えられている部分もある。

大入蟻仕口／横架材と横架材の仕口全般によく使われる。受ける材（下木・女木）には乗せ掛ける材（上木・男木）の同寸以上のせいが必要［a］。

蟻仕口柱持たせ／仕口部の真下に柱がある場合で、受ける材より乗せ掛ける材の梁せいのほうが大きいときに使われる［b］。

大入仕口／横架材と横架材の仕口で、引き抜き耐力が必要ない箇所に使われる［c］。

ほぞ差／柱と横架材の仕口などに使われる［d］。

胴差仕口／胴差を通し柱に差すときに使われる［e］。

桁差／材せいが小さい横架材を柱などに差すときに使われる［f］。

茶臼／持出し梁の先端部で、乗せ掛ける材と梁下端の梁せいが異なるときに使われる［g］。

逆蟻／茶臼と同様に持出し梁の先端部で使うが、乗せ掛ける材と梁下端が揃うときに使われる［h］。

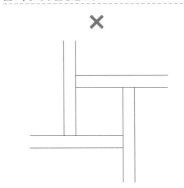

図1｜まんじ組を避ける

a 横架材を井桁に組むことはできない

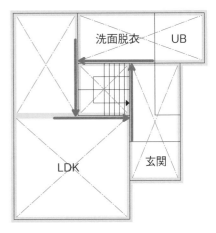

b 構造ブロックのまんじ組を避ける

鎌継手／横架材の継手全般に使われる［i］。伝統的には腰掛鎌継手と呼ぶが、プレカットでは腰掛けが付いたものを鎌継手と呼ぶのが常識化している。プレカット加工図などの凡例に鎌継手と記されている場合、その形状は腰掛鎌継手である。

蟻継手／梁を除く横架材の継手に使われる［j］。鎌継手と同様に、プレカットでは腰掛蟻継手を指すのが一般的である。

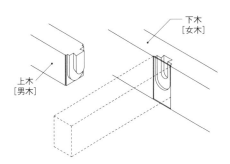

上木［男木］

下木［女木］

a 大入蟻仕口[おおいれありしぐち]
主に梁と梁、母屋と母屋、土台と土台の仕口など

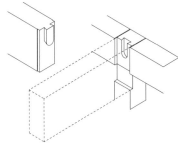

b 蟻仕口柱持たせ[ありしぐちはしらもたせ]
梁と梁+下柱、母屋と母屋+小屋束の仕口など

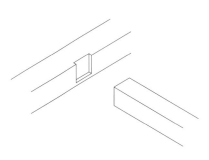

c 大入仕口[おおいれしぐち]
根太、大引の仕口など

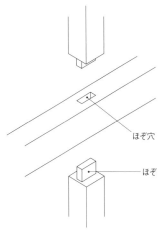

ほぞ穴

ほぞ

d ほぞ差[ほぞざし]
柱と土台や梁、小屋束と梁や母屋の仕口など

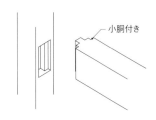

小胴付き

e 胴差仕口[どうざししぐち]
胴差と通し柱の仕口

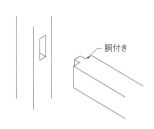

胴付き

f 桁差[けたざし]
母屋下がり部の桁と柱、母屋と小屋束の仕口など

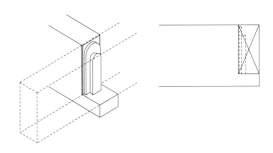

g 茶臼[ちゃうす]
持出し梁の先端部（乗せ掛ける材と梁下端の梁せいが異なるとき）

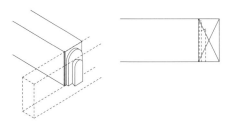

h 逆蟻[ぎゃくあり]
持出し梁の先端部
（乗せ掛ける材と梁下端の梁せいが揃うとき）

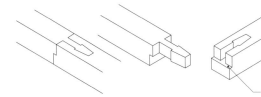

腰掛け

i 鎌継手[かまつぎて]
梁、母屋、土台の継手など。伝統的には、腰掛鎌継手［こしかけかまつぎて］と呼ぶ形状である。プレカットでは腰掛が付いたものを鎌継手と呼ぶのが常識化し、図面にも使用されている

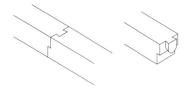

腰掛け

j 蟻継手[ありつぎて]
母屋、土台の継手など。伝統的には、腰掛蟻継手［こしかけありつぎて］と呼ぶ形状である。プレカットでは腰掛が付いたものを蟻継手と呼ぶのが常識化し、図面にも使用されている

仕口加工による断面欠損に注意!

木造軸組構法の仕口においては、受材も掛かる材もお互いに材料が刻まれるので、実断面積が小さくなる。従って、その断面欠損部の強度は少し落ちる。この梁仕口による欠損は、決して避けることができないものであり、耐力を低減して計算を行うこともルール化されている。しかし実際の住宅では、強度上問題のある断面欠損を伴う仕口が使われていることがあるので、注意したい。

引っ張り側の断面欠損は禁止

まず、仕口加工などに関わらず、原則として梁の中間部下端などの引っ張り側の断面欠損は禁止と考えてほしい。木材の性質上、繊維に沿って裂ける危険性があるからである［図1］。設計時に梁を切り欠こうと思って伏図を描くことはないはずだが、特に1階天井ふところの配管ルートや、エアコンスリーブ位置などはきちんと想定しておかないと、現場で梁下端を切り欠かれるおそれがある。

梁下端の切り欠きがよくないことは理解できると思うが、実は同様に引っ張り側の欠損を引き起こすおそれのある納まりが、広く一般的に使われている。それは跳ね出しバルコニー部分である［図2］。持出し梁に荷重が加われば、梁の上部が引っ張り側になる。この梁には外壁線上の梁が架かってくるので、その仕口による欠損が生じる。さらにこの梁に柱を立てたら、梁上ではほとんど断面が残らない。完全に切り取ってしまっているのと同じ状態である。

このような場合は、持出し梁のせいに対して欠損のせいがなるべく小さくなるよう、持出し梁のせいを大きくし、外壁線上の梁せいを小さくすることが望ましい。また、少しでも梁上端の断面が

図1│引っ張り側の断面欠損を避ける

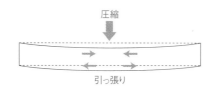
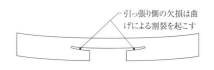

圧縮 / 引っ張り / 引っ張り側の欠損は曲げによる割裂を起こす

図2│バルコニーの持出し梁上端も要注意

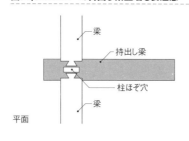
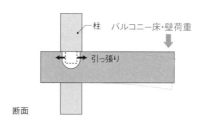

梁 / 持出し梁 / 柱ほぞ穴 / 梁 / 平面

柱 / バルコニー床・壁荷重 / 引っ張り / 断面

図3│四方差しによる柱の断面欠損

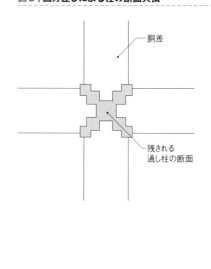

胴差 / 残される通し柱の断面

残るように、外壁線上の梁の仕口を蟻ではなく、大入にすることもある。

胴差による柱の断面欠損も要チェック

通し柱の寸法が120mm角程度の場合、胴差による断面欠損も大きい。四方差しともなれば、柱はほとんど断面が残らず、手で摘んで引っ張るとポキッと折れてしまいそうなほどである［図3］。実際、プレカット工場で加工後、現場に運んでいる最中に折れてしまったという話もときどき耳にする。無事に施工できても、地震などで横から力が加わると、簡単に折れてしまう危険性が高いだろう。やむを得ず四方差しや三方差しに

する場合は、柱寸法を大きくするか、その通し柱に接して耐力壁を設けないよう配慮すべきである。

胴差側の仕口も注意しなければならない。胴差仕口は大入蟻仕口に比べ、仕口部の断面積が小さいので、せん断破壊する可能性がある。胴差の端部に大きなせん断力がかかる梁は柱に差さず、荷重が小さなところで継手を設けたほうがよい。

知っておきたい 設計ポイント 部材編 3

簡略法による 梁せいの決定方法

木造軸組構法の部材は、設計終了後に図面に合わせて製材するのではなく、流通している製材品のなかから選ぶ。つまり、構造材の断面寸法は一般流通寸法をもとに決めることになる。

多少の地域差はあるが、寸法は 3.5 寸（105mm）か 4 寸（120mm）を基準にしたものが主流である。具体的には、管柱は 105 角か 120 角、通し柱は 105 角、120 角、135 角。土台は 105 角、120 角。大引は 90 角、105 角、120 角。母屋・棟木・隅木・谷木は 90 角、105 角、120 角。小屋束は母屋幅に合わせる。梁もこれらの部材と同様で、幅を 105 か 120 で統一するが、せいは 1 本ごとに適正寸法にする。材料としては 105 または 120、150、180、210……と 30mm 単位で 450mm 程度までである。

木造軸組構法の場合、1 本 1 本の断面寸法を検討しなければならないのは、梁だけである。それ以外の材料はあらかじめ断面寸法を決めておくだけで、設計時に 1 本ずつ検討する必要はない。

では、梁の断面寸法はどうやって決めたらよいのだろうか。最終決定は構造計算などによるのが確実だが、構造計算を行うにも仮の梁せいを決めておかないと始まらないので、簡単な梁せいの決定方法を紹介する。

スパン長さ（間）×係数で求める

基本は、検討梁のスパン長さを、「間」単位で読み、そのスパン長さ（間）に部材に応じた係数を掛ける。そこで導き出された数値が梁せいになる。ただしその単位は「寸」である[図1]。

まず、小屋梁・軒桁など小屋荷重のみ受ける梁の場合[a]。スパン長さ 3,640mm であれば 2 間と読み替えられる。小屋梁および軒桁の場合はこれ

に係数 4 を掛ける。つまり 2（間）×4 = 8（寸）。ミリに読み替えるには 30 を掛ければよいので、この小屋梁もしくは軒桁の梁せいは 240mm 以上必要ということになる。

次に、床の等分布荷重のみを受けている床梁の場合[b]は、スパン長さ（間）に係数 5 を掛ける。先述の例と同じようにスパン長さ 3,640mm の床梁の場合、2（間）×5＝10（寸）。つまり、梁せい 300mm になる。

最後に、集中荷重も受けている床梁の場合[c]。この場合、スパン長さに掛ける係数が 6 になる。スパン長さ 3,640mm の場合、2（間）×6 = 12（寸）で 360mm。ただし、この梁にかかる荷重は、簡略法の想定をはるかに超える可能性もあるので、この方法で決定するのには慎重を期したい。ちなみに、柱を受ける梁の荷重条件は無限であるた

め、p.58 で述べるスパン表などでも対応しきれないのが現状である。最終的には計算によって確認すべきである。

梁せい決定時の注意事項として、梁を露しにしないのであれば、天井ふところ内に納まる寸法であるかを確認することが挙げられる。そのためには、仕上げの階高だけでなく構造階高を把握しておかなければならない。これは土台天端から胴差天端、胴差天端から軒高の数値である。そして、建具の上は梁下端までの寸法に余裕をもたせること。梁に直接建具枠を取り付けたりした場合、梁がたわむと開閉が困難になる。大きな梁せいが必要となった箇所は、それだけ荷重が大きいか、スパンが飛んでいるのだから、当然梁は多少たわむものと認識し、それを許容できる設計をしなくてはならない。

図1 | 梁せいを決定する簡略法

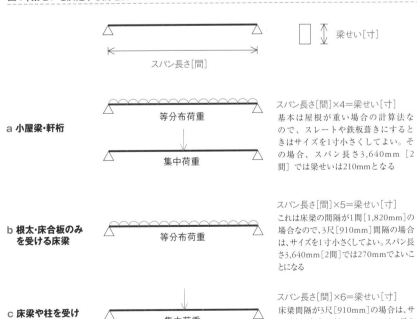

スパン長さ[間]×4＝梁せい[寸]
基本は屋根が重い場合の計算法なので、スレートや鉄板葺きにするときはサイズを1寸小さくしてよい。その場合、スパン長さ3,640mm［2間］では梁せいは210mmとなる

スパン長さ[間]×5＝梁せい[寸]
これは床梁の間隔が1間[1,820mm]の場合なので、3尺[910mm]間隔の場合は、サイズを1寸小さくしてよい。スパン長さ3,640mm［2間］では270mmでよいことになる

スパン長さ[間]×6＝梁せい[寸]
床梁間隔が3尺[910mm]の場合は、サイズを1寸小さくしてよい。スパン長さ3,640mm［2間］では330mmになる

スパン表を用いた梁せいの決定方法

　p.57で紹介した簡略法より、もう少し信頼性の高い方法として、「スパン表」を活用して梁の断面寸法を求めてみよう。スパン表は、あらかじめ設定した荷重条件にしたがって計算を行い、断面寸法を決めたものである。スパン表は各自治体の林業団体などから発行されており、プレカット工場では、それぞれ使い慣れたものが利用されている。本書でもスパン表を作成したので、ぜひ活用頂きたい。このスパン表の見方は以下のとおり。

（1）検討しようとしている梁と荷重条件が一致する梁の番号（①〜⑬）を p.59の図1〜4の中から探す。荷重条件が一致するものがない場合は、なるべく条件が近く、かつ、検討梁よりも荷重が大きい条件の梁を選択する。

（2）屋根荷重を負担する梁の場合は、屋根の重さにより、「重い屋根」「軽い屋根」のいずれかを選択する。

（3）検討梁のスパン長さから梁せいを読み取る。スパン表の数値はその条件下での最低寸法なので、この表の数値以上の値で断面寸法を決定する。

　なお、p.50〜51「2階小屋伏図8」の項で、具体的に手順を記しているので、参照されたい。

スパン表｜ベイマツ E90、梁幅 105mm の場合 [現代木割術研究会作成]

部材	載荷状態	屋根の重さ	検討梁のスパン長さ[mm]			
			1,820 以内	2,730 以内	3,640 以内	4,550 以内
小屋梁等	①小屋束のみを受ける梁a または垂木のみを受ける軒桁b[図1]	重い屋根 軽い屋根	150 105	180 180	240 210	270 270
	②A 片側からスパン1,820mm以内の①の梁を受ける梁・軒桁[図1]	重い屋根 軽い屋根	150 150	210 180	270 240	330 300
	②B 片側からスパン3,640mm以内の①の梁を受ける梁・軒桁[図1]	重い屋根 軽い屋根	180 150	240 210	300 270	390 330
	③A 両側からスパン1,820mm以内の①の梁を受ける梁[図1]	重い屋根 軽い屋根	210 180	240 210	270 240	— —
	③B 両側からスパン3,640mm以内の①の梁を受ける梁[図1]	軽い屋根 軽い屋根	270 240	330 270	390 330	— —
床梁等	④根太・合板のみを受ける床梁[図2および図3]		105	150	210	240
	⑤根太・合板のみを受ける胴差[図3]		150	240	330	420
	⑥片側から床梁④を受ける梁[図2]		180	240	360	420
	⑦両側から床梁④を受ける梁[図3]		210	300	420	
	⑧床梁④を受ける胴差[図2]		180	270	390	
	⑨柱を受ける胴差[図2]	重い屋根 軽い屋根	240 210	270 240	360 330	 450
	⑩床梁④と柱を受ける胴差[図3]	重い屋根 軽い屋根	300 270	360 330	450 420	— —
	⑪柱Aを受ける梁[図2および図4]	重い屋根 軽い屋根	180 180	240 210	300 270	360 330
	⑪柱Bを受ける梁[図2および図4]	重い屋根 軽い屋根	240 210	300 270	360 330	450 390
	⑫片側から床梁④と柱Aを受ける梁[図2および図4]	重い屋根 軽い屋根	270 240	300 270	390 360	450 420
	⑫片側から床梁④と柱Bを受ける梁[図2および図4]	重い屋根 軽い屋根	300 270	390 360	450 420	
	⑬両側から床梁④と柱Aを受ける梁[図3および図4]	重い屋根 軽い屋根	390 360	420 420	— —	— —
	⑬両側から床梁④と柱Bを受ける梁[図3および図4]	重い屋根 軽い屋根	390 360	— 450	— —	— —

図1｜小屋組の梁や軒桁

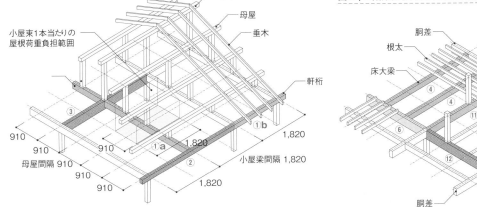

棟木
母屋
垂木
小屋束1本当たりの
屋根荷重負担範囲
軒桁
910
910
母屋間隔 910
910
910
①b
①a
1,820
②
1,820
1,820
小屋梁間隔 1,820

図2｜2階床組［片側から床梁を受ける場合など］

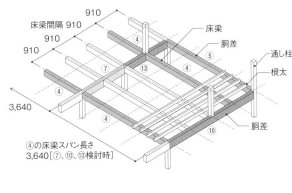

胴差
根太
床大梁
910
910
床梁間隔 910
910
910
⑩
⑪
⑦
⑫
⑨
⑧
④の床梁
スパン長さ
3,640
［⑥、⑧、⑫検討時］
胴差
3,640

図3｜2階床組［両側から床梁を受ける場合など］

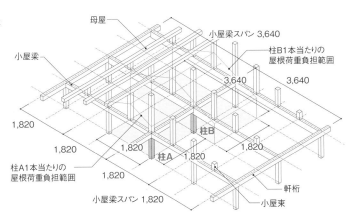

910
床梁間隔 910
910
床梁
胴差
通し柱
根太
④
④
⑤
⑬
④
④
3,640
⑩
胴差
④の床梁スパン長さ
3,640［⑦、⑩、⑬検討時］

図4｜屋根荷重の負担範囲が異なる柱A、柱Bを示す

母屋
小屋梁
小屋梁スパン 3,640
柱B1本当たりの
屋根荷重負担範囲
3,640
3,640
柱B
1,820
1,820
1,820
1,820
柱A
1,820
1,820
柱A1本当たりの
屋根荷重負担範囲
1,820
小屋梁スパン 1,820
軒桁
小屋束

スパン表作成時の設計条件

建設地：一般地域（多雪区域でない）

構造：木造軸組構法住宅の2階建て以下

固定荷重：重い屋根は瓦（葺き土なし）、軽い屋根はスレートとする。外壁はモルタル塗り。床は畳。

屋根勾配：5.0／10

軒の出：750mm

階高：1、2階とも3,000mm

断面欠損：断面係数［Z］は、大入蟻仕口は片側25％、両側50％、柱ほぞ15％、根太彫り・振れ止めは片側につき10％低減。断面2次モーメント［I］は、大入蟻両側かつ柱ほぞがあり、当該梁せい240未満は30％、240以上は20％、これより小さい欠損の場合は10％低減。

たわみ制限値：小屋梁と軒桁は、スパン長さの1／200。床梁と胴差は、スパン長さの1／300かつ10mm。

樹種：ベイマツJAS機械等級区分製材E90

①の小屋梁・軒桁［図1］：小屋束1本あたりの屋根荷重負担範囲は、910×1,820mm（水平投影）とし、小屋梁には910mm間隔でその荷重が加わるものとする。垂木のみを受ける軒桁は、屋根、軒天、外壁荷重を等分布荷重として受ける。隣の母屋との距離は910mmとする。

②の小屋梁・軒桁［図1］：Aは検討梁に架かってくる梁のスパン長さを1,820mmとし、Bは3,640mmとする。検討梁スパン長さ3,640mm以下では、検討梁中央でその①の梁を受けるものとする。検討梁スパン長さ4,550mmの場合は、一方の端部から1,820mmの位置と他方の端部から910mmの位置の2カ所で①の梁を受けるものとする。小屋梁の場合は、①の梁を受ける位置と同じ箇所にも小屋束が載っているものとし、その小屋束の屋根荷重負担範囲は①と同じ。

③の小屋梁［図1］：①の梁は両側から同じ位置に架かるものとする。その①の梁から受ける荷重および位置の条件は②と同じ。この検討梁に載る小屋束の条件も②と同じ。

④の床梁［図2および図3］：床梁の間隔は910mmとし、床荷重を等分布荷重として受ける。

⑤の胴差［図3］：床梁の間隔は910mmとし、床と外壁の荷重を等分布荷重として受ける。

⑥の床梁［図2］：検討梁に架かる④の梁のスパン長さは3,640mmとし、910mm間隔で架かるものとする。

⑦の床梁［図3］：④の梁は両側から同じ位置に架かるものとする。その④の梁から受ける荷重及び位置の条件は⑥と同じ。

⑧の胴差［図2］：④の梁が架かる条件は、⑥と同じとする。

⑨の胴差［図2］：この柱は、①の軒桁の下に1,820mm間隔で配置されているものとする。また、この柱1本につき①の小屋梁1本を受けているものとする。

⑩の胴差［図3］：④の床梁を⑥と同じ条件で受けているものとする。柱については⑨と同じ条件で受けているものとする。

⑪の床梁［図2および図4］：床荷重の条件は④と同じとする。柱Aより受ける荷重は、屋根荷重の負担範囲1,820×1,820mm（水平投影）とし、柱Bより受ける荷重は、屋根荷重の負担範囲1,820×3,640mm（水平投影）

とする。

⑫の床梁［図2および図4］：柱Aおよび柱Bより受ける荷重の条件は、⑪と同じとする。また、④の梁が架かる条件は⑥と同じとする。

⑬の床梁［図3および図4］：柱Aおよび柱Bより受ける荷重の条件は、⑪と同じとする。また、④の梁が架かる条件は⑥と同じとする。

注意点

・これらの条件にあてはまらない梁の断面寸法等は、計算などにより決定すること。また、梁せいが360mmを超える場合はその梁に大きな荷重が加わっていると想像されるので、仕口（腰掛蟻仕口や胴差仕口）や支持柱の断面寸法（座屈やめり込み）の検討を行うこと。

・このスパン表は、JAS機械等級区分製材の等級E90のベイマツの強度を用いて計算を行っているが、この等級の木材はあまり流通していない。しかしp.60-61で解説のとおり、無等級材よりE90の方が強度が低いので、安全側の検討となる。

木材の品質

1棟の住宅を建築するには、躯体だけでも複数の樹種を使用する。部位によって必要な性能が異なるので、使い分けるのである。どこにどのような樹種を使用するのか、一般的と思われるものを紹介する。しかし、地場の木材を使う場合などは地域性があるので、設計の際には工務店や材木店に相談するとよいだろう。

土台／防腐・防蟻性能が求められる。ヒノキやヒバ、ベイヒバのほか、薬剤処理をしたベイツガなどを使うことが多い。

大引／土台と同じ樹種を使うことが多いが、ヒノキやヒバより防腐・防蟻性能がやや低いスギなどを使うことも。

柱／1階の柱は土台に次いで防腐・防蟻性能が求められるので、スギやヒノキなどを使うことが多い。ホワイトウッド(スプルース)集成材も使われる。

梁桁／曲げ強度とせん断強度が必要。床梁はたわみにくさも必要である。ベイマツやレッドウッド(欧州アカマツ)集成材を使うことが多い。最近ではスギ集成材や、スギとほかの樹種とを混用した異樹種集成材を使うこともある。

母屋・棟木／梁桁ほどの強度は必要ない。ベイマツやスギ、ツガなどを使う。

垂木・根太／スギやツガなど。2×4材を使用する場合はスプルースが多い。

構造用集成材の分類

使用部位別に樹種を紹介したが、「製材」だけでなく「集成材」も混ざっていることに気づいたことと思う。集成材は、ひき板(厚さ5cm以下の「板」。ラミナともいう)の繊維方向を平行にして積層接着した材料のことである。日本農林規格(JAS)では、構造用集成材をラミナの構成により3つに分類している。①対称異等級構成集成材、②非対称異等級構成集成材、③同一等級構成集成材である[**図1**]。

図1│集成材の構成

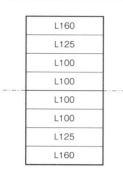

L160	L125	
L125	L110	L140
L100	L100	L140
L100	L100	L140
L100	L100	L140
L100	L100	
L125	L125	
L160	L160	

!対称異等級構成　　"非対称異等級構成　　#同一等級構成

①対称異等級構成集成材は、ひき板の品質の構成が上下対称になるように組み合わされたもので、梁桁などの横架材にはこれを使うことが多い。②非対称異等級構成集成材は①と同様、両端に中央付近よりも品質が高いひき板を配置している。ただし両端部は上下対称ではなく、梁上部より下部のひき板のほうが品質が高くなるように構成されている。③同一等級構成集成材は、すべてのひき板の品質が同じもので構成されている。柱にはこれを使うことが多い。

集成材のほかに、「単板積層材(LVL)」も増えてきており、土台、柱、梁桁などに使用されている。合板と同じように丸太を年輪に沿って剥いだ単板(ベニヤ)を貼り合わせたものだが、合板はベニヤの繊維方向を1枚ずつ交互に直交させて貼り合わせるのに対して、単板積層板は繊維方向を平行にして貼り合わせる。LVLにもJAS規格があり、接着剤の性能などが定められている。

製材におけるJAS規格

実は、集成材や単板積層材のような再構成木材だけでなく、製材についてもJAS規格がある。「針葉樹の構造用製材」の規格は、製材の格付け方法によっ

て2つに分けられる。1つは、節・丸身などの木材の欠点を目視により測定し、等級区分された「目視等級区分製材」。もう1つは、機械によりヤング係数を測定し、等級区分された「機械等級区分製材」である[**表2**]。

目視等級区分製材は、さらに甲種構造材と乙種構造材に区分される。甲種構造材は曲げ性能を必要とする部分に使用する材料で、梁桁や母屋、根太などに使う。乙種構造材は圧縮性能を必要とする部分に使用するもので、柱や小屋束などに使う。甲種構造材と乙種構造材は、それぞれ1級から3級まで3段階に等級区分され、1級が最も強度が高く、3級が最も低い[**表3**]。

機械等級区分製材では、ヤング係数の測定値によってE50からE150まで6段階に等級区分される。ヤング係数の値が大きいほど強度が高く、小さいほど強度が低い。

これらのJAS規格に適合していると判定された製品にはJASマークを付けることができるが、この制度は任意であり、JASマークのない製品の流通は規制されていない。実際には、構造用集成材や単板積層材ではJASマークが付いているものが多く流通しているが、製

表2｜針葉樹構造用製材のJAS規格の概要

区分					使用部位
目視等級区分製材	節、丸身など材の欠点を目視により測定し等級区分するもの				
	甲種構造材	曲げ性能を必要とする部分に使用	構造用	木口の短辺が36mm未満の材および長辺が90mm未満の材	垂木、根太、筋かいなど
			構造用	木口の短辺が36mm以上かつ、木口の長辺が90mm以上の材	梁、母屋、土台など
	乙種構造材	圧縮機能を必要とする部分に使用			柱や小屋束など
機械等級区分製材	機械によるヤング係数を測定し、等級区分するもの				すべての部位

表3｜針葉樹構造用製材のJAS規格の等級表示

目視等級区分製材	目視等級区分製材			機械等級区分製材 [10^3N／mm²]					
表示	★★★	★★	★	E150	E130	E110	E90	E70	E50
等級区分	1級	2級	3級	13.7以上	11.8以上〜13.7未満	9.8以上〜11.8未満	7.8以上〜9.8未満	5.9以上〜7.8未満	3.9以上〜5.9未満

材のJAS製品はとても少ない。つまり、設計時に樹種とJAS規格による等級を指定してもそれが入手できない可能性がある。

JAS製品と無等級

材料の強度は、以上のような集成材の種類やJAS規格に従って定められている。どの材料を使用するかを決定しないと木材の許容応力度を求めることができないので、こうした区分をよく理解しておくことは重要である。

木材の基準強度は、平成12年建設省告示第1452号や平成13年国土交通省告示第1214号などに定められている。たとえば集成材の場合、ひき板の構成（例：「対称異等級構成」など）による分類と、強度等級の値が一致するものを探して、基準強度を確認する。強度等級の値は"E120－F330"（Eヤング係数－F曲げ基準強度）というように表示されている。

製材の場合は、1つの樹種につき、JAS「目視等級区分製材」とJAS「機械等級区分製材」と無等級の3種類に分類されて基準強度が表示されている。そのなかから使用する材料の等級を探し、基準強度を確認する。しかし前述のとおり、製材においてはJAS製品の流通量がとても少ない。"JAS製品ではない"ということは無等級にあたるはずだが、単純に無等級とみなして強度計算をするのは危険である。

スギとベイマツを例に、JAS目視等級

区分製材と無等級材の基準強度を比較してみよう[**表4**]。スギは柱に使用することを想定して、乙種構造材の強度を表示し、ベイマツは梁に使用することを想定して、甲種の強度を表示している。また、スギは圧縮強度を比較し、ベイマツは曲げ強度を比較する。

スギの場合、無等級材の圧縮基準強度は3級の基準強度より小さい。JAS製材を使用しない場合、無等級の強度で計算を行っておけば、一応安全側の検討といえる。しかし、ベイマツの場合は、無等級材の曲げ基準強度は2級よりも大きい。全く検査などを行っていないかもしれない材料を、JAS規格に従って

検査した材料より高く評価することになる。このように強度が逆転している樹種は、ベイマツだけではない。特に、スパン表を使用する際や構造計算を行う場合には、慎重に検討しなければならない。

ベイマツのJAS機械等級区分製材で多く流通しているのは、E110である。機械等級区分製材のベイマツの強度表を見ると、無等級材はE110と同じくらいの基準強度になっている[**表5**]。しかし、実際にはJAS製品でないベイマツの多くがE110と同程度の強度をもっているとは思えない。そのため本書のスパン表[p.58参照]は、ベイマツE90の強度で作成している。

表4｜JAS目視等級区分製材と無等級材の強度比較 ［平成12年建設省告示第1452号より］単位［N／mm²］

		圧縮	引張	曲げ	せん断
スギ	乙種1級	21.6	13.2	21.6	1.8
	乙種2級	20.4	12.6	20.4	1.8
	乙種3級	18.0	10.8	18.0	1.8
	無等級	17.7	13.5	22.2	1.8
ベイマツ	甲種1級	27.0	20.4	34.2	2.4
	甲種2級	18.0	13.8	22.8	2.4
	甲種3級	13.8	10.8	17.4	2.4
	無等級	22.2	17.7	28.2	2.4

表5｜ベイマツのJAS機械等級区分製材の強度表 ［平成12年建設省告示第1452号より］単位［N／mm²］

ベイマツ		圧縮	引張	曲げ	せん断
ベイマツ	E70	9.6	7.2	12.0	2.4
	E90	16.8	12.6	21.0	2.4
	E110	24.6	18.6	30.6	2.4
	E130	31.58	24.0	39.6	2.4
	E150	39.0	29.4	48.6	2.4

2階床伏図を描く

2階床伏図の作成

1階チェック図の上にトレーシングペーパーを重ねて作図開始!

完了

　2階床伏図は、2階の床組に関する図面である。また1階の小屋組を表す図も兼ねる場合は、「2階床伏図兼1階母屋伏図」とも呼ばれる。

　1階チェック図を下敷きに、2階床組を構成する部材として、胴差、ブロック桁、間仕切桁、間仕切梁、床梁などを描き表す。ブロック桁は、2階小屋伏図[p.40]でも登場したように、構造ブロックの外周部に設ける横架材のことである。

　2階床伏図では、外壁の位置によって胴差の配置が決まり、1階構造ブロックの位置によってブロック桁の配置が決まる。そして、2階プランの間仕切の位置や床仕上げの仕方によって、間仕切梁、床梁、根太の配置が決まり、1階プランの間仕切の位置によって間仕切桁の配置が決まる。このように、上下階両方の

図｜鉛直荷重の流れ

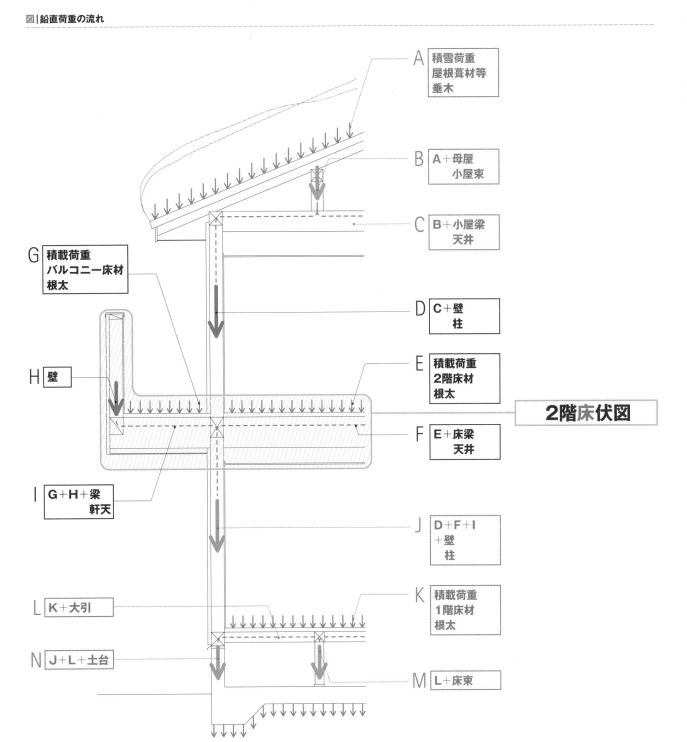

A｜積雪荷重　屋根葺材等　垂木

B｜A＋母屋　小屋束

C｜B＋小屋梁　天井

G｜積載荷重　バルコニー床材　根太

D｜C＋壁　柱

E｜積載荷重　2階床材　根太

2階床伏図

F｜E＋床梁　天井

H｜壁

I｜G＋H＋梁　軒天

J｜D＋F＋I　＋壁　柱

L｜K＋大引

K｜積載荷重　1階床材　根太

N｜J＋L＋土台

M｜L＋床束

条件を考慮しながら作図するのがポイントになる。

　また、バルコニーなど、外壁部分からの跳ね出し領域がある場合は、持出し梁とそれを押さえるための受梁を配置する。

荷重に対する計画

　ここで問題になる荷重を、上図で確認しておこう。主にブロック桁と胴差、間仕切梁では、2階柱を通して屋根荷重、2階天井の荷重を受ける。また、根太、床梁、胴差で2階の床仕上材の荷重と2階の各部屋に置く家具などの積載荷重を受ける。

　水平荷重に対しては、前項と同様に、各構造ブロックの四隅に火打梁（ひうちばり）を配置し、水平構面（すいへいこうめん）をつくって対応する。最近では、床の水平構面を火打梁ではなく構造用合板などの面材で構成する場合が増えている。その場合は、その面材を支えるための床梁が必要となるので、注意したい。

壁・柱直下率の1階チェック図をもとに、外周部に胴差などを配置する

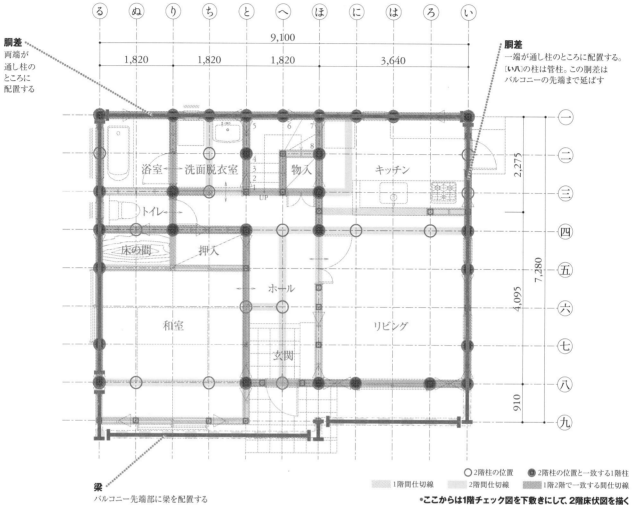

胴差
両端が通し柱のところに配置する

胴差
一端が通し柱のところに配置する。[いハ]の柱は管柱。この胴差はバルコニーの先端まで延ばす

9,100

1,820　1,820　1,820　3,640

2,275
7,280
4,095
910

浴室　洗面脱衣室　物入　キッチン

トイレ

床の間　押入

ホール

和室　リビング

玄関

○ 2階柱の位置　　● 2階柱の位置と一致する1階柱
1階間仕切線　　2階間仕切線　　1階2階で一致する間仕切線
●ここからは1階チェック図を下敷きにして、2階床伏図を描く

梁
バルコニー先端部に梁を配置する

　2階床伏図の検討は、外周部に胴差などを配置することから始める。胴差とは、通し柱では2階の床の位置で柱をつなぎ、管柱では下階の柱の上部をつなぐ横架材のことである。

　2階床伏図は、壁・柱直下率の1階チェック図をもとに検討・作図する。2階小屋伏図のときと同様のやり方で、**上図**のように1階チェック図の上にトレーシングペーパーを重ねて、平面と間仕切・柱位置を確認しながら横架材を配置して伏図を描いてゆく。こうすると、下敷きにしたチェック図で1・2階の間仕切、柱位置がそれぞれ一致する箇所、しない箇所が分かるので検討しやすいというメリットがある。

　胴差を配置する手順は以下のとおり。

① 1階チェック図で、建物の1階外周部を確認する。

　このとき、バルコニーなどの跳ね出し領域がある場合は**上図**のように、1階外壁から跳ね出し領域の部分（1階チェック図では、赤の破線部分）を含めて外周部とする。

② 外周部のうち、両端に通し柱があるところに胴差を配置する。

　上図では、通し柱が[いー][るー][る八]にあるので、まず通し柱[いー]と[るー]の間[**一通り：い−る**]に胴差を配置し、次に通し柱[**る一**]と[**る八**]の間[**る通り：一−八**]に配置する。

③ 残りの外周部のうち、一端に通し柱があるところに胴差を配置する。このとき、胴差はバルコニーの跳ね出し領域の先端まで配置する。

　上図では[**い通り：一−九**][**る通り：八−又九**]に配置。

④ 最後に残りの外周部に横架材を配置する。

　上図では、跳ね出し領域であるバルコニーの先端の部分にまだ梁を配置していないので[**九通り：い−ほ**][**ほ通り：九−又九**][**又九通り：ほ−る**]にそれぞれ配置する。

Step 4

Step 1 　壁・柱直下率チェック図
Step 2 　構造ブロック図
Step 3 　2階小屋伏図・屋根伏図
Step 4 　2階床伏図
Step 5 　1階床伏図
Step 6 　基礎伏図

2階床伏図 2

1階構造ブロック図、跳ね出し領域を参照し、ブロック桁を配置する

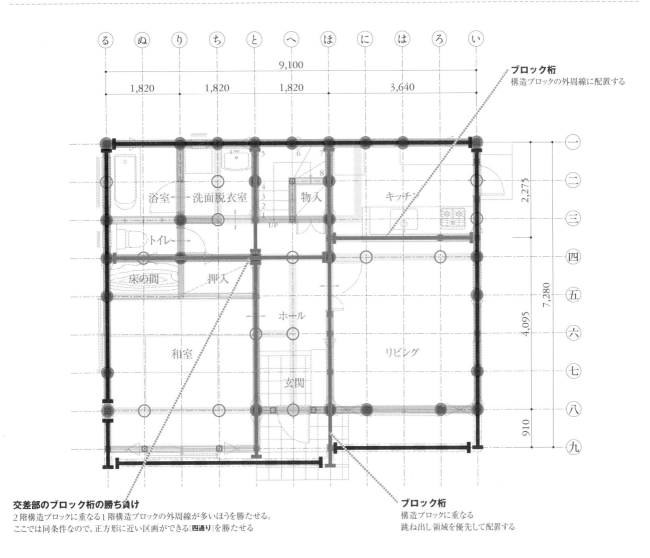

ブロック桁
構造ブロックの外周線に配置する

交差部のブロック桁の勝ち負け
2階構造ブロックに重なる1階構造ブロックの外周線が多いほうを勝たせる。
ここでは同条件なので、正方形に近い区画ができる[**四通り**]を勝たせる

ブロック桁
構造ブロックに重なる
跳ね出し領域を優先して配置する

「ブロック桁」とは、2階小屋伏図[p.40]にもあるように構造ブロックの外周線の位置に設ける横架材のことである。特に2階床伏図では、バルコニーなどの跳ね出し領域がある場合に注意が必要であり、その場合は跳ね出し領域を優先して考える。ここでは1階構造ブロックと跳ね出し領域の図[p.34・35]を参照して、次の要領でブロック桁を配置する。

①1階構造ブロック、跳ね出し領域にブロック桁を配置する。

モデル住宅では、1階で6つの構造ブロックと3つの跳ね出し領域を設定している。ここで、リビング、ホール・玄関、和室は、跳ね出し領域と重なっているので、この部分は跳ね出し領域を優先してブロック桁を配置する。

上図では、[**ほ通り：一−又九**][**と通り：一−又九**][**又三通り：い−ほ**][**四通り：ほ−る**]に配置する。このとき、リビング、玄関、和室の外壁部分である[**八通り：い−と**][**と通り：八−九**][**九通り：と−る**]

の部分はこの段階では保留とし、ブロック桁は配置しない。また、[**ほ通り**]は、p.64で配置した[**ほ通り：九−又九**]とつないで1本にしておく。

②構造ブロックの外周線が十字に交差している部分では、1階構造ブロックの外周線と2階構造ブロックの外周線がより多く重なっているほうを勝たせて（通して）配置する。

これは、2階構造ブロックを1階構造ブロックで支えることになるためである。上図では、[**と四**]の部分で4つの構造ブロックの外周線が交差していることがわかる。2階構造ブロックと1階構造ブロックを参照すると、重なり長さは[**と通り**]で8P／8P＝100％、[**四通り**]は6P／6P＝100％で同じになる。このように、どちらも同じ条件になる場合は、なるべく正方形に近い形状の構造ブロックとなるほうを勝たせる。そこで、上図のように[**四通り**]を勝たせている。(p.40参照)

2階床伏図 3

バルコニー部分の持出し梁や 受梁などを配置する

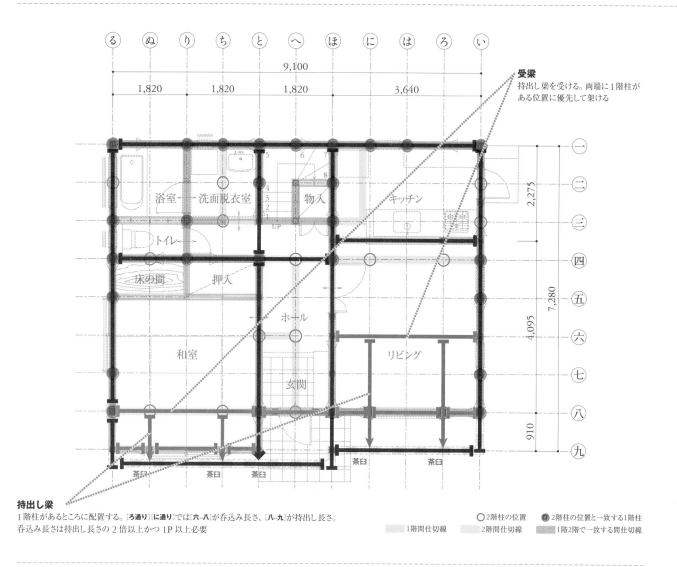

受梁
持出し梁を受ける。両端に1階柱がある位置に優先して架ける

持出し梁
1階柱があるところに配置する。[**ろ通り**] [**に通り**] では [**六-八**] が呑込み長さ、[**八-九**] が持出し長さ。
呑込み長さは持出し長さの2倍以上かつ1P以上必要

○ 2階柱の位置　◎ 2階柱の位置と一致する1階柱
▓ 1階間仕切線　▓ 2階間仕切線　▓ 1階2階で一致する間仕切線

　跳ね出し領域は、構造ブロックの解説[p.19, p.35]でも述べたように、バルコニーやオーバーハングなどの部分で、隣接する構造ブロックを含んだ領域である。跳ね出し領域における架構では、先端に梁を受ける柱がないので、建物内部から梁を持ち出し、その梁で跳ね出した部分(バルコニー部分など)の荷重を受けなくてはならない。この持ち出した梁を「持出し梁」と呼ぶ。そして、荷重を受けるためには持出し梁の呑込み部分の十分な長さと、それを建物内部で受ける「受梁」の検討が重要となる。

　ここでは、これらを配置する手順を述べるが、2種類の梁が関連してくるため、手順が分かりやすいように、先に配置のルールを挙げておきたい。

・持出し梁の呑込み長さは、持出し長さの2倍以上かつ1P以上とする。

・受梁は、跳ね出し領域内で両端に1階の柱がある位置を優先し、間仕切桁[p.69]、間仕切梁[p.70]、2階床梁[p.71]を兼ねる位置とする。

・持出し梁は、2Pピッチあるいは1Pピッチで配置する。

・持出し梁は、持出し梁と外壁とが交差する部分では1階柱があるところに配置する。

・持出し梁と胴差などとの交差部では、持出し梁を勝たせる(通す)。

　次に、持出し梁と受梁を配置する手順は以下のとおり。

①まず、受梁の位置を決める。

　受梁は、跳ね出し領域内で両端に1階の柱がある位置を優先して配置しなければならないが、なおかつ、持出し梁の呑込み長さが、持出し長さの2倍以上かつ1P以上となる位置でなければならない。

Step 1 壁・柱直下率チェック図
Step 2 構造ブロック図
Step 3 2階小屋伏図・屋根伏図
Step 4 2階床伏図
Step 5 1階床伏図
Step 6 基礎伏図

図 | 茶臼［持出し梁とバルコニー先端部の梁とのプレカット仕口］

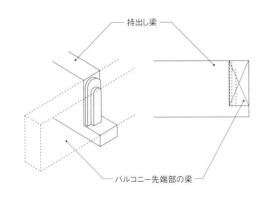

持出し梁

バルコニー先端部の梁

左図のモデル住宅では、バルコニーの持出し長さが、1階リビング側の［**九通り：い－ほ**］では1P、1階和室側の［**又九通り：ほ－る**］では1/3Pと異なっている。

まず、［**九通り：い－ほ**］の部分の持出し梁を受ける受梁の位置を考える。持出し長さが1Pなので、2P以上内側の位置となると［**六通り**］より内側に設けなければならない。この範囲で両端に1階柱があるのは、**左図**の［**い六**］［**ほ六**］にあたるので、［**六通り：い－ほ**］に受梁を配置する（五通りには片方しか1階柱がない）。

次に［**又九通り：と－る**］では、持出し長さが1/3Pで、その2倍は2/3Pであるが、呑込み長さは1P以上でなければならないので、受梁の位置は［**八通り**］より内側になる。さらに両端の［**八と**］［**八る**］には共に1階に柱があるので、受梁は［**八通り：と－る**］に配置する（七通り、六通りには1階柱が両端にない）。

②次に、持出し梁を配置していく。

持出し梁は、2Pピッチあるいは1Pピッチで配置するのを基本とする。また、持出し梁と外壁とが交差する部分では1階柱があるところに配置する。

上記に従って持出し梁を検討すると、まず［**八通り：い－ほ**］では、［**ろ八**］［**に八**］に1階柱があり、そこに持出し梁を配置すると2Pピッチになる。そこで［**ろ通り：六－九**］［**に通り：六－九**］に持ち出し梁を配置する。

次に［**九通り：と－る**］では、［**ち九**］［**ぬ九**］に1階柱があり、そこに持出し梁を配置すると2Pピッチになるので、［**ち通り：八－又九**］［**ぬ通り：八－又九**］に配置する。

玄関ポーチの上部にあたる［**又九通り：ほ－と**］に関しては、［**ほ通り**］のブロック桁と［**と通り**］のブロック桁のピッチが2Pなので、その間に持出し梁を配置する必要はない。

また、バルコニー先端部分の梁は、すでにp.64の伏図で

配置しているが、実際の納まりでは持出し梁を先に施工し、その上にバルコニー先端部の梁を乗せ掛けることになる。そこでこの部分の仕口を「茶臼」と指定している［図］。茶臼については、p.54・55「知っておきたい設計ポイント 部材編1」を参照されたい。

ここまでで、バルコニーを持ち出すための、持出し梁とそれを受ける受梁が配置できた。

③最後に、跳ね出し領域のなかの外壁部分に胴差を配置する。

このとき、胴差と持出し梁が交差する部分は、持出し梁を勝たせる（通す）。**左図**で胴差は［**八通り：い－と**］［**九通り：と－る**］の部分である。それぞれ［**ろ八**］［**に八**］［**ち九**］［**ぬ九**］で持ち出し梁を勝たせて配置している。

なお、バルコニーの納まりについては、p.76・77「知っておきたい設計ポイント 部材編1」で詳しく解説している。

2階床組を固める火打梁を配置する

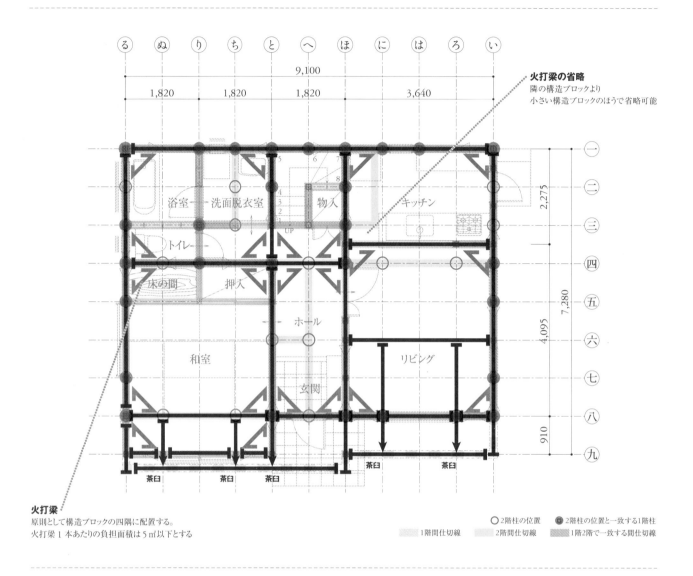

火打梁の省略
隣の構造ブロックより
小さい構造ブロックのほうで省略可能

火打梁
原則として構造ブロックの四隅に配置する。
火打梁1本あたりの負担面積は5㎡以下とする

○2階柱の位置　●2階柱の位置と一致する1階柱
░1階間仕切線　▒2階間仕切線　▓1階2階で一致する間仕切線

　ここでは2階床組を水平構面として固めるために、2階小屋伏図3[p.41]と同様の方法で火打梁を配置していく。
①火打梁は原則として、構造ブロックの四隅に配置してゆく。
　上図では、1階リビングの構造ブロックは、[**い又三–ほ八**]となるので、[**い又三**]左下、[**ほ又三**]右下、[**い八**]左上、[**ほ八**]右上に配置する。1階和室の部分は[**と四–る九**]が構造ブロック。[**と四**]左下、[**る四**]右下、[**と九**]左上、[**る九**]右上に配置する。
②構造ブロックが隣り合う場合は、小さいほうの構造ブロックの火打梁を省略することがある。ただし、火打梁を省略する場合は、必要な床倍率を検討しなければならない。
③階段室の内部には火打梁を配置しない。
　これは階段の昇降に支障があるためである。ただし、支障のない**上図**[**ほ四**]左上、[**と四**]右上では火打梁を配置する。

④通し柱がある部分に配置する。
　通し柱の部分は梁がピン接合の状態になっているので不安定になる。そのため、**上図**では[**る八**]右上にも火打梁を配置する。併せて[**と八**]左上にも配置しておく。
⑤火打梁は、1本あたりの負担面積が5.0㎡以下となるように配置する。これは、品確法で一番床倍率が低い場合の火打梁の負担面積が5.0㎡であることによる。**上図**の場合を計算すると以下のように各区画とも5.0㎡以下となっている。
・区画[**いー**]–[**ほ八**]（3.64×6.37）㎡／6本＝3.86㎡／本
・区画[**ほー**]–[**と八**]（1.82×6.37）㎡／6本＝1.93㎡／本
・区画[**とー**]–[**る九**]（3.64×7.28）㎡／10本＝2.65㎡／本
・区画[**いー**]–[**る四**]（9.1×2.73）㎡／8本＝3.11㎡／本
・区画[**い四**]–[**る八**]（9.1×3.64）㎡／10本＝3.31㎡／本
・区画[**と八**]–[**る九**]（3.64×0.91）㎡／2本＝1.66㎡／本

Step 4

2階床伏図 5

まだ梁桁を配置していない1階間仕切の上に間仕切桁を配置する

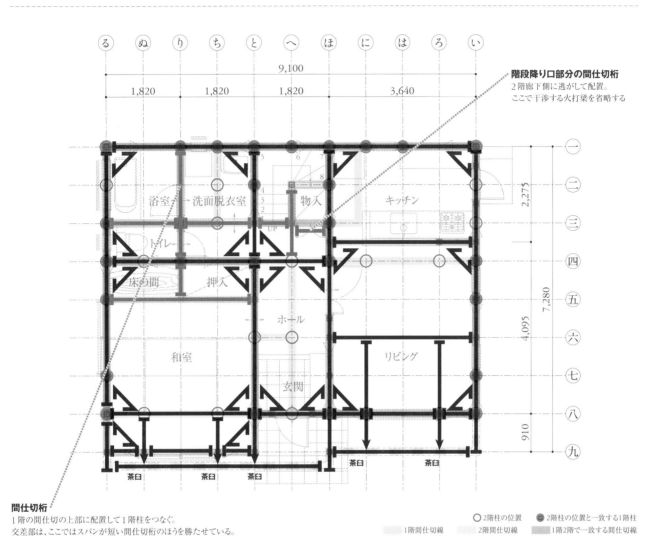

階段降り口部分の間仕切桁
2階廊下側に逃がして配置。
ここで干渉する火打梁を省略する

間仕切桁
1階の間仕切の上部に配置して1階柱をつなぐ。
交差部は、ここではスパンが短い間仕切桁のほうを勝たせている。

○2階柱の位置　●2階柱の位置と一致する1階柱
1階間仕切線　2階間仕切線　1階2階で一致する間仕切線

「間仕切桁」は本書の定義で、間仕切部分の柱の頭をつなぐ横架材とする。2階床伏図では、まだ横架材を配置していない1階間仕切の上部に配置する。

①1階の間仕切で、まだ梁桁が配置されていない箇所を確認し、間仕切桁を配置する。

チェック図の間仕切で青色（上図ではグレー色）と、紫色（上図ではグレー色と赤色の重色）のマーカー線が対象になる。和室では、押入・床の間のところの［**五通り:と–る**］と［**り通り:四–五**］、洗面脱衣室と浴室、トイレでは、［**り通り:一–四**］と［**三通り:と–る**］に間仕切桁を配置する。

②原則として間仕切桁の交差部およびL字形部分は、間仕切桁端部に1階柱がある方向を優先して配置する。

［**り通り:一–四**］と［**三通り:と–る**］は［**り三**］で交差する。ただし、上図では［**り通り:一–四**］と［**三通り:と–る**］ともに両端に1階柱

があるので、どちらを勝たせてもよい。ここでは、スパンの短い［**り通り**］を勝たせることにする。

③階段部分は、納まりに注意して配置する。

上図では階段中央の手摺壁の部分［**へ通り:二–四**］にまず間仕切桁を配置するが、このとき［**へ三**］で止めてしまうと架構が不安定になってしまうので［**四通り**］のブロック桁まで延ばす。次に、階段の昇り口のところ［**三通り:へ–と**］に配置する。最後に階段の2階降り口の部分であるが、ここはp.78図**1**のように、間仕切桁を105mm程度2階廊下側に逃がして［**又三通り:ほ–へ**］のように配置する。また、［**ほ四**］の部分の、火打梁は階段の降り口の梁と干渉してしまうので、ここでは省略する。

④造作扱いのクローゼットなどには、間仕切桁は配置しない。

今回のモデル住宅では、1階に造作扱いの部分はない。

まだ梁桁を配置していない２階間仕切の下に間仕切梁を配置する

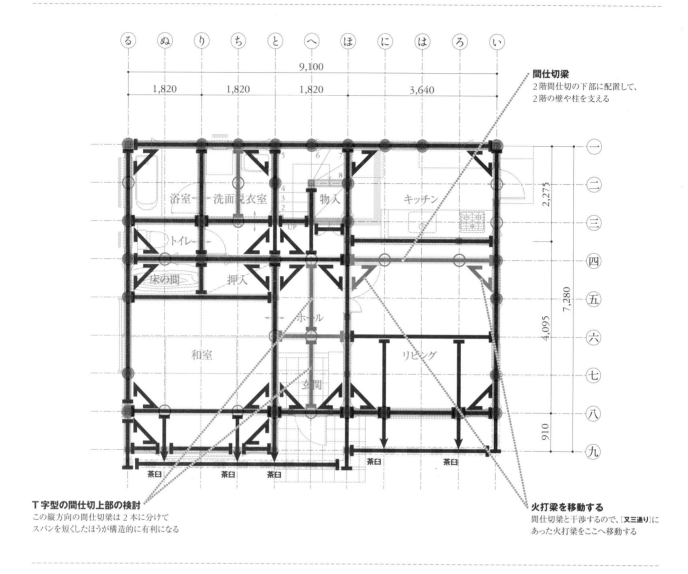

間仕切梁
２階間仕切の下部に配置して、
２階の壁や柱を支える

Ｔ字型の間仕切上部の検討
この縦方向の間仕切梁は２本に分けて
スパンを短くしたほうが構造的に有利になる

火打梁を移動する
間仕切梁と干渉するので、[又三通り]に
あった火打梁をここへ移動する

本書では２階の壁・柱を支える役目をもつ横架材を「間仕切梁」とする。これを２階間仕切の下部でまだ梁桁を配置していない箇所に配置する。

①２階の間仕切で、まだ梁桁が配置されていない箇所を確認し、間仕切梁を配置する。

チェック図で２階間仕切のあるところ、つまり赤色のマーカーで線が引かれているところを確認し、そこに間仕切梁を配置していく。リビングの[四通り：い−ほ]と洗面脱衣室の[ち通り：一−三]、玄関・ホールの[へ通り：四−八][六通り：へ−と]に間仕切梁を配置する。

②間仕切梁の交差部およびL字形の部分は、間仕切梁の端部に１階柱があるほうおよび短辺方向を優先する。

玄関・ホールの部分の[六通り：へ−と]の間仕切は[へ六]の部分で[へ通り：四−八]とＴ字型になっているので、間仕切梁

を[六通り：へ−と]にすると、これを[へ通り：四−八]の間仕切梁で受けることになる。この場合[へ通り：四−八]は端部に１階柱がない。そこで、[六通り：へ−と]の間仕切梁を右側の[ほ六]まで延ばして片端を１階柱で受けられるようにし、[へ通り：四−八]の間仕切梁は[へ通り：四−六][へ通り：六−八]に分ける。

③造作扱いの洋服入や物入には、間仕切梁を配置しない。

キッチンの上部、つまり２階洋室Ｂの洋服入は造作扱いなので、キッチン部分の赤マーカー線のところには間仕切梁を配置しない。

④火打梁が間仕切梁にぶつかるところは、火打梁を移動させる。

リビングの[い又三]と[ほ又三]の部分に火打梁を配置してあったが、[四通り：い−ほ]の間仕切梁にぶつかるので、上図のように[四通り：い−ほ]の間仕切梁の下に移動させる。

2階床伏図 7

2階床を支持する2階床梁を配置する

壁・柱直下率チェック図　Step 1
構造ブロック図　Step 2
2階小屋伏図・屋根伏図　Step 3
2階床伏図　Step 4
1階床伏図　Step 5
基礎伏図　Step 6

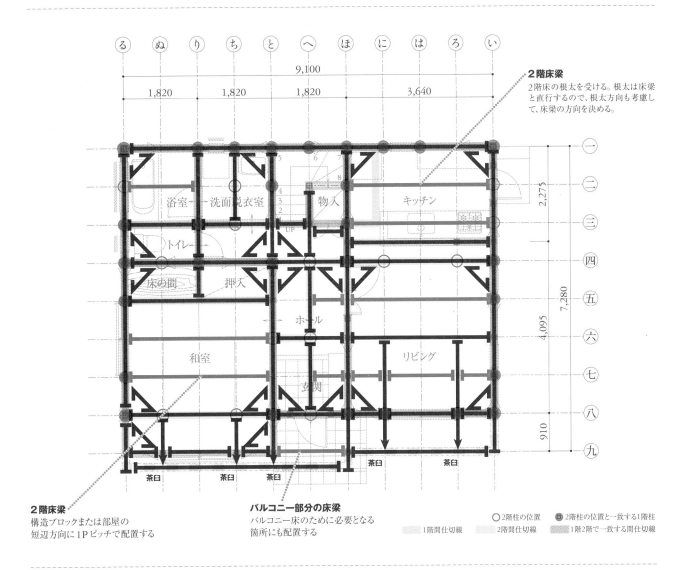

2階床梁
2階床の根太を受ける。根太は床梁と直行するので、根太方向も考慮して、床梁の方向を決める。

2階床梁
構造ブロックまたは部屋の短辺方向に1Pピッチで配置する

バルコニー部分の床梁
バルコニー床のために必要となる箇所にも配置する

○ 2階柱の位置　　⊚ 2階柱の位置と一致する1階柱
▨ 1階間仕切線　　▨ 2階間仕切線　　▨ 1階2階で一致する間仕切線

「2階床梁」は、おもに2階床の根太を受ける横架材である。
①本書では基本的に、根太のスパンが1P（910mm）となるように、つまり床梁のピッチが1Pとなるように配置する。
②床梁は、スパンを短くするために、構造ブロックまたは部屋の短辺方向に1Pピッチで配置し、一室のなかでは床梁の方向を揃える。床梁の方向は、上部2階の根太方向も考慮する。
③床梁端部を1階柱で受けるようにする。1階柱で受けられない場合でも床梁を受ける梁に荷重が集中しないように、隣接する構造ブロックの床梁の方向を変える［p.47 図1参照］。
④3次梁を避ける［p.75参照］。
⑤455mm以下の短材は使わない。
　上図の1階が和室の部分、つまり2階洋室Aの床を支える部分では、構造ブロックが［と四－る九］なので、短辺方向は

横方向になる。そこで、［六通り：と－る］［七通り：と－る］に1Pピッチで床梁を配置する。
　リビングは、構造ブロックが［い又三－ほ八］なので［五通り：い－ほ］［七通り：い－ほ］に床梁を架けるが、［七通り］に関しては、［ろ通り］と［に通り］にバルコニーの持出し梁があるので、［七通り：い－ろ］［七通り：ろ－に］［七通り：に－ほ］に分けて床梁を配置する。
　キッチンでは、構造ブロックは［い一－ほ又三］なので、縦方向に床梁を架けたいが、キッチン上部の2階洋室Bはすでにブロック桁［又三通り：い－ほ］が配置してあるので根太方向を縦にしたい。そこで、横方向［二通り：い－ほ］［三通り：い－ほ］に床梁を配置する。浴室は正方形なので縦横どちらでもよいが、上部2階では［り一－る四］が納戸で、すでに［三通り：り－る］の間仕切桁があり、納戸の根太方向は縦方向になる。そこで、床梁は横方向［二通り：り－る］に架ける。

床梁などの振れ止めを配置する

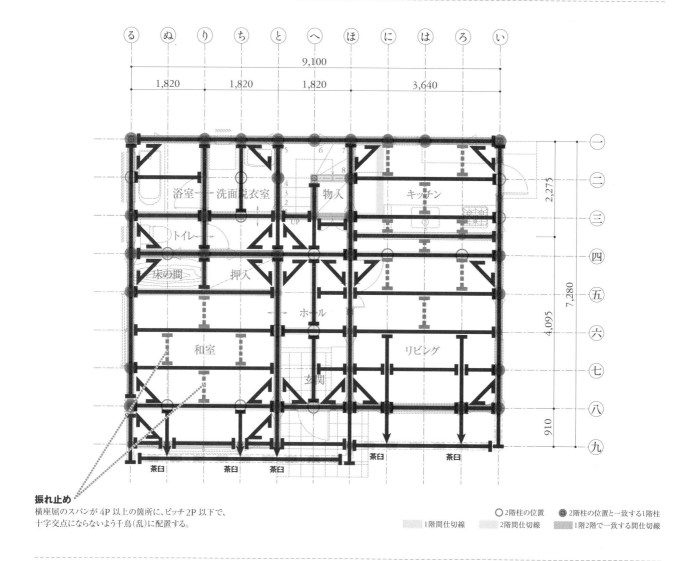

振れ止め
横座屈のスパンが4P以上の箇所に、ピッチ2P以下で、
十字交点にならないよう千鳥(乱)に配置する。

○2階柱の位置　●2階柱の位置と一致する1階柱
1階間仕切線　2階間仕切線　1階2階で一致する間仕切線

「振れ止め」とは、梁や桁が横座屈を起こすのを防ぐために
設ける部材のことで、梁の横座屈のスパンが4P以上にな
ったときに配置する。基本的に上からの荷重は負担しない。
①振れ止めは、梁桁の間に2P以下のピッチで配置する。
②同じ構造ブロック内では、振れ止めの位置を千鳥(乱)に
配置する。十字交点を避けることで、振れ止めを受ける床梁
の断面欠損を少なくするためである。

上図の和室では、バルコニーの持出し梁が、[**ち通り:八–又九**]
と[**ぬ通り:八–又九**]に配置されいているので[**七通り–八通り**]間
では同じ通りを避け[**り通り:七–八**]に振れ止めを配置する。[**六
通り–七通り**]間は[**ち通り:六–七**][**ぬ通り:六–七**]に、[**五通り–六
通り**]間では[**り通り:五–六**]にそれぞれ振れ止めを配置する。

次に、リビングの[**又三通り–六通り**]について検討する。[**六
通り–八通り**]間の[**ろ通り**]と[**に通り**]にバルコニーの持出し梁

があるので、[**五通り–六通り**]では、十字交点にならないよう[**は
通り:五–六**]に振れ止めを配置する。[**四通り–五通り**]では、[**ろ
通り:四–五**]と[**に通り:四–五**]に、[**又三通り–四通り**]間では[**は通
り:又三–四**]に配置する。

キッチンは、[**又三通り**]でリビングと隣り合っているので、[**は
又三**]で十字交点にならないように、[**三–又三**]間では[**ろ通り:
三–又三**][**に通り:三–又三**]に振れ止めを配置する。[**二通り–三
通り**]間では[**は通り:二–三**]に、[**一通り–二通り**]間では、[**ろ通り:
一–二**][**に通り:一–二**]に配置する。

そのほかの部分は、梁の横座屈のスパンが4P以上にな
っている箇所はないので、振れ止めは配置しなくてよい。

2階床伏図 9

胴差、梁などの**断面寸法**を決定する

Step 1 壁・柱直下率チェック図

Step 2 構造ブロック図

Step 3 2階小屋伏図・屋根伏図

Step 4 2階床伏図

Step 5 1階床伏図

Step 6 基礎伏図

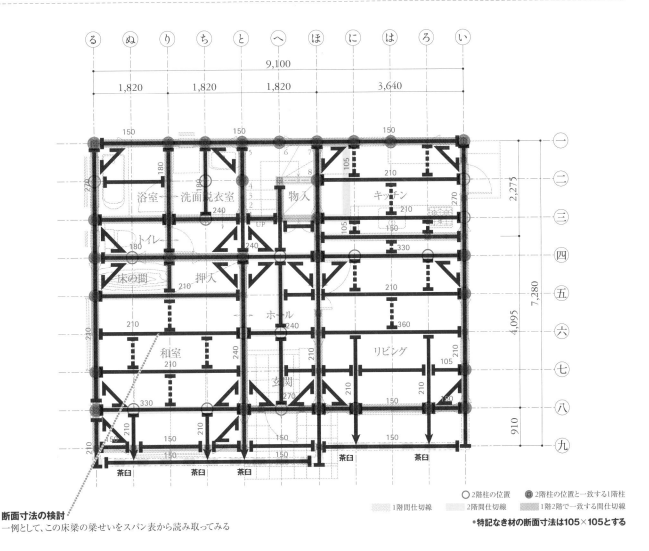

断面寸法の検討
一例として、この床梁の梁せいをスパン表から読み取ってみる

○ 2階柱の位置　◉ 2階柱の位置と一致する1階柱
▨ 1階間仕切線　▨ 2階間仕切線　▨ 1階2階で一致する間仕切線
●特記なき材の断面寸法は105×105とする

　前項までの手順ですべての梁桁の配置が終わっているので、ここで梁桁の断面寸法（梁せい）を決める。断面寸法の決め方としては、構造計算で決める方法と、スパン表で決める方法がある。それぞれの特徴については2階小屋伏図8[p.46]で詳しく述べたので参照してほしい。

　ここでは、2階小屋伏図でブロック桁や小屋梁について検討したときと同様に、p.58–59のスパン表（現代木割研究会作成）を使って断面寸法を決定することとする。

　例として［**六通り：と–る**］を取り上げる。
①検討したい梁と載荷条件が合う梁をp.59のアイソメ図から探し、梁の番号を読み取る。

　2階床組のアイソメ図**2**で、［**六通り：と–る**］の梁に該当するものを見てみる。［**六通り：と–る**］の梁は、根太のみを受けている梁なので、図内④の梁に該当する。

②スパン表で「梁の種類」と「載荷状態」を見て、該当する箇所を選ぶ。

　梁の種類は床梁で、載荷状態は「根太・合板のみを受ける床梁」にあたる。
③スパン表の次の列「検討梁のスパン長さ」で該当する梁せいの数値を読む。

　［**六通り：と–る**］の梁のスパンは、4Pで3,640mmなので梁せいの最小寸法は、210mmとなる。

　なお、本書では断面寸法の目安を求める簡略法も紹介している［p.57「知っておきたい設計ポイント　部材編3」参照］。これは構造計算などの最終決定以前に仮の梁せいを決めておく場合などに用いることができる。

胴差・ブロック桁などの継手位置を決定する。完了

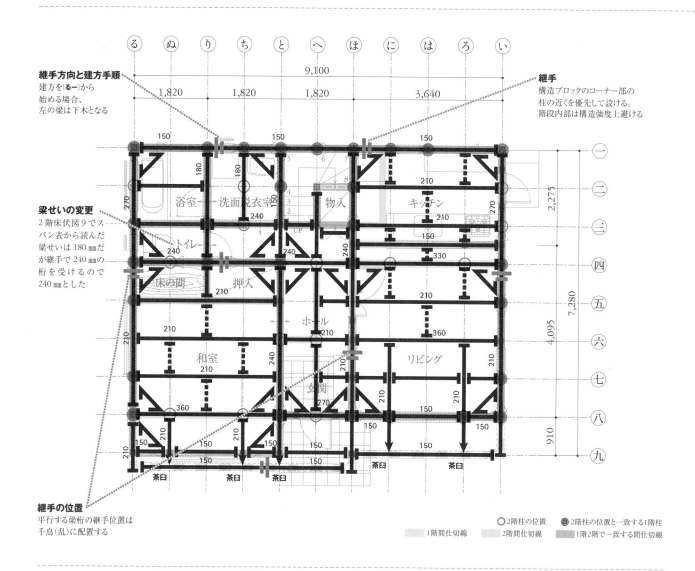

継手方向と建方手順
建方を[る一]から始める場合、左の梁は下木となる

継手
構造ブロックのコーナー部の柱の近くを優先して設ける。階段内部は構造強度上避ける

梁せいの変更
2階床伏図9でスパン表から読んだ梁せいは180mmだが継手で240mmの桁を受けるので240mmとした

継手の位置
平行する梁桁の継手位置は千鳥(乱)に配置する

○2階柱の位置　●2階柱の位置と一致する1階柱
1階間仕切線　2階間仕切線　1階2階で一致する間仕切線

　2階床伏図の最後に胴差・梁の継手の位置を決定する。継手が必要となるのは、以下のような理由による。

　梁桁に使う木材で、一般的に流通している木材の長さは5m、4m、3mなどに決まっており、これを定尺材と呼んでいる。しかし、胴差・桁では必要な長さがそれ以上になる場合も多い。そこで、定尺長さの木材をつないで使うこととなる。その接合方法を継手という。継手を設けた部分は、一本の材よりも当然、強度が低下するので、なるべく短尺材は用いず、継手の数を少なくし、さらにその位置や設け方には注意が必要である。

　以下に、継手の位置を決める手順を示す。
①継手が必要な長い横架材(5m以上、おもに胴差、ブロック桁など)を確認する。
　上図では、まず長手方向で胴差[**一通り:い-る**]、ブロック桁[**四通り:ほ-る**]、バルコニー先端部の梁[**又九通り:ほ-る**]がある。次に短手方向では、胴差[**い通り:一-九**]、ブロック桁[**ほ通り:一-又九**]、胴差[**る通り:一-又九**]である。
②木材の定尺長さ(5m、4m、3mなど)を考慮し、①で確認した横架材に以下に挙げる事項に注意して継手を設ける。
・継手は、構造ブロックの四隅の部分の柱の近くを優先して設ける。それ以外の箇所でも柱の近くに設ける。
・継手位置での横座屈を防ぐために、継手を設ける梁桁に直交する横架材があるところに設ける。
・建方手順を考慮して、下木(持ち出す材)になる梁桁を先に架け、次に上木(乗せ掛ける材)が架けられるようになっているかを確認する。
・継手の下木のせいは、上木と同寸かそれ以上の寸法となるように断面寸法を確認しながら継手の方向を決める。

壁・柱直下率チェック図　Step 1

構造ブロック図　Step 2

2階小屋伏図・屋根伏図　Step 3

2階床伏図　Step 4

1階床伏図　Step 5

基礎伏図　Step 6

・継手・仕口は、受ける材（下木・女木）を乗せ掛ける材（上木・男木）と同寸以上とすることや、軒桁や胴差の梁せいをなるべくそろえることによって、横架材間距離を一定にし、柱・間柱の長さそろえて施工性をよくする。また、構造計算やスパン表で決めた梁せいは、構造上の最低寸法なので、構造的に少し余裕を持たせるために、構造計算やスパン表で決めた梁せいより大きめにするとよい。

　建方手順の例としては、敷地の奥の通し柱から建てるなどが考えられるが、**左図**では[**る－**]から始めるとして、[**一通り：い－る**]の胴差について継手位置を検討してみよう。

　構造ブロックのコーナー部となるのは、[**ほ－**]と[**と－**]である。ここで木材の定尺長さ4mを考えて、まず、[**ほ－**]に継手を設ける。[**ほ－**]に設けても残りの長さが、まだ5mを超えるので、もう1カ所設ける。もう一つの構造ブロックのコーナー部は[**と－**]であるが、ここに継手を設けると、階段室の両側に継手がきてしまい構造的に弱くなってしまう。そこで、階段室とは反対側で、直交する梁がある柱の近く[**り－**]に設ける。

　このとき継手の方向は継手位置において建方を始める[**る－**]に近い側、左が下木「▮」、右が上木「▮」となる。

　同様にして、ブロック桁[**四通り：ほ－る**]では、[**り四**]右に、バルコニー先端部の梁[**又九通り：ほ－る**]では、[**と又九**]左に設ける。

　縦方向の胴差・ブロック桁では、平行して同じ位置に継手がこないよう[**い四**][**ほ六**][**る四**]というふうに千鳥に配置している。

　なお、継手を設ける際、以下のように避けたい位置があるが、実際にはすべての条件を満たすことは無理なので、これらの優先順位を考慮しながら決めていくことになる。詳しい解説はp.88–89「知っておきたい設計ポイント 継手位置編」を参照してもらいたい。

・まんじ（卍）組になっていないかをチェックする。
・継手は、吹抜け内部や階段室内部にはなるべく設けない。
・継手付近には、集中荷重がかからないようにする。
・耐力壁のところには、なるべく継手を設けない。
・火打梁と干渉する位置になるべく設けない。

図｜3次梁のモデル

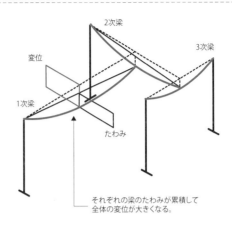

それぞれの梁のたわみが累積して全体の変位が大きくなる。

架構のポイント–3 次梁をつくらない

　間仕切梁や小屋梁、床梁など、各種の梁の配置を行ううえで気を付けなければいけない点として、1本の梁に極端な集中荷重がかからないようにすることが挙げられるが、もう一つ、3次梁をつくらないことも重要である。

　3次梁は図のように、ある梁を柱で受けないで、別の梁で受ける状態が度重なったときに発生する。このような状態では、それぞれのたわみが累積して全体の変位量が大きくなるので、床の不陸などにつながりやすい。2次梁までは梁せいを大きくするなど、検討の余地があるが、3次梁以上は梁せいを大きくしても改善できない。したがって、3次梁以上ができるような配置は絶対に避けなければならない。

構造上の配慮が大切な 跳ね出しバルコニー

跳ね出しバルコニーは、梁を内部から持ち出さなければならないので、床伏図を描く際、特に注意を要する。しかし実際には、バルコニーを納めることが優先され、ほかの構造上配慮すべきことが、ないがしろにされているケースがよく見られる。その原因は、伏図作成の技術力不足ではなく、むしろ設計（間取り）自体にあることがほとんどなので、一般的な納まりを知り、その基本に沿って組める設計を心がけたい。

バルコニーの組み方は、バルコニー床面を下げるか下げないかで異なる。構造上は、バルコニー床を下げない方が設計しやすい。バルコニー床を下げる場合は、納まりを十分に検討したうえで、設計を進めなければならない。

バルコニー床レベルによる納め方

まず一つめの例は、持出し梁を狭い間隔（1モジュール）で配置し、持出し梁1本1本の負担を小さくする納め方[図3A, A']。この場合、バルコニー床を下げる下げないに関わらず、外壁内に持出し梁を受けるための下梁が必要になる。この下梁にすべての持出し梁が載るように、持出し梁のせいと下梁の配置高さを考慮する。バルコニー床を下げない場合は[A]、下げる場合は[A']のような納まりになる。バルコニー床を下げる場合は、持出し梁も下げなければならないので、下階の天井ふところに余裕がないと、梁が露しになる。また、下階が真壁室の場合、下梁の下端が天井内に納まっていないと梁が見えてしまうので、高さ寸法に気をつけなければならない。

二例めは、持出し梁を柱で受けられるよう、下に柱がある箇所のみに持出し梁を配置する方法[図3B]。この組み方では、持出し梁を受ける下梁は必要ない。図はバルコニー床を下げない場合の納まり。

三例めは、両端の梁だけ持ち出す方法[図3C]。これはバルコニー床を下げる下げない両方の場合に用いられる。バルコニー床を下げる場合は、図のようにバルコニー床はそれを囲む梁のせい内で納める。

いずれの組み方を採用しても、p.56のとおり、持出し梁には引っ張り側の断面欠損が生じやすいので、なるべく強度低下が少なくなるように工夫しなければならない。たとえば、残る断面のせいを十分に確保できるよう、持出し梁のせいを大きくしたり、外壁を受ける梁のせいを下梁の下がり量に合わせて下梁に載せ、持出し梁との仕口は突き付けるだけにしたりするとよいだろう。

荷重との関係を考える

さらに、持出し梁の控え部分の長さ（L）（呑込み長さ）は、持出し部分の長さ（a）の2倍以上確保しなければならない（L ≧ 2a）[図1]。図1のように、持出し梁の先端に下向きの荷重が加わると、点Bでは梁は上に跳ね上がろうとする。持出し梁が上木（男木）の場合、梁が跳ね上がってしまったら仕口（または継手）がはずれてしまう。

実際には控え部分（A－B間）にも床荷重が加わるので、その荷重により押さえ込まれ、仕口（または継手）は浮き上がらないが、L＝a程度の場合、室内の床の荷重がバルコニーの荷重より十分に重いかというと、そうとは限らない。バルコニーを外物置のように使用している場合などは、荷重は持出し部分のほうが大きくなり、控え部分の仕口（または継手）が跳ね上がる危険性がある。

このように、持出しバルコニーは、伏図を描くうえで留意すべき点が多い。特に持出し部の長さ（a）が1mを超えるような設計や、2方向に跳ね出すような設計は、構造強度および納まりについて十分検討しない限り、避けるべきである[図2]。

図1 | 持出し梁の控え部分

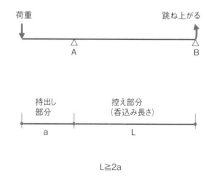

L≧2a

図2 | 2方向に跳ね出すバルコニーは危険

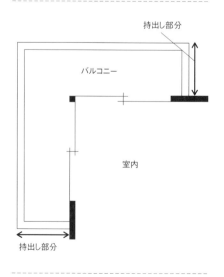

A 持出し梁を狭い間隔で配置（バルコニー床を下げない）

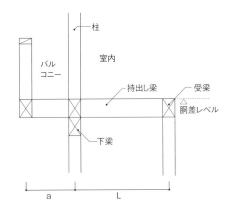

A' 持出し梁を狭い間隔で配置（バルコニー床を下げる）

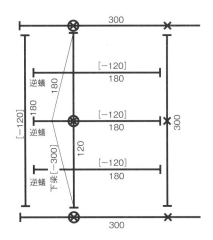

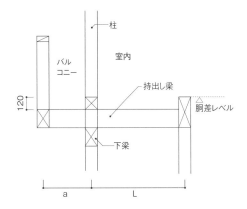

B 下に柱がある箇所のみに持出し梁を配置
（バルコニー床を下げない）

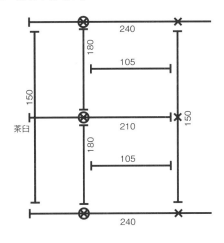

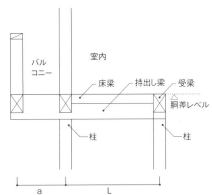

C バルコニー床はそれを囲む梁のせい内で納める
（図はバルコニー床を下げる例）

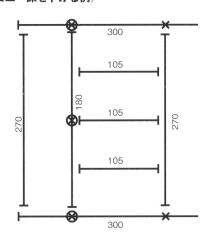

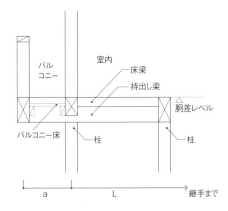

階段は水平剛性がとれないことに注意！

図1│降口が柱芯からの階段の納まり

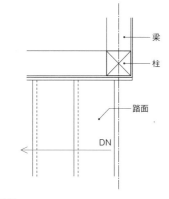

梁
柱
踏面
DN

平面

蹴込板
桁
105

断面

図2│吹抜けと関係する階段部

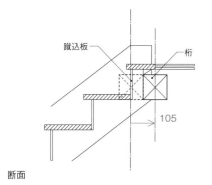

吹抜け[い通り〜は通り]にかかる水平力の
1/2を[は通り]の1階耐力壁で負担させる

ち と へ ほ に は ろ い

洋室A

洋室B

主寝室

吹抜け

UP

一
二
三
四
五
六
七
八
九

この間にかかる水平力は
[は通り〜ち通り]の1階耐力
壁で負担させる

[は通り〜ち通り]にかか
る水平力はい通りの1
階耐力壁には伝達さ
れない

図3│突出型の階段の補強

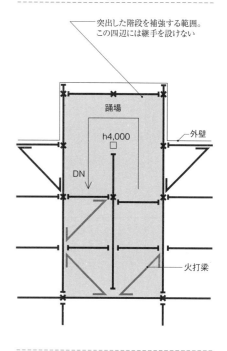

突出した階段を補強する範囲。
この四辺には継手を設けない

踊場

h4,000
□

外壁

DN

火打梁

　2階などの階段降り口を柱芯にする場合は、ささら桁や蹴込板の納まりを考慮して、梁幅程度、桁の位置をずらさなければならない[図1]。また、当然のことだが、階段を数段昇った上部に床がある場合は、頭が当たらないか、高さを十分検討する必要がある。その際、梁せいを考慮することを忘れてはならない。

　階段には胴差の高さに梁も火打梁も入らないので、水平剛性はとれず、床倍率は0になる[p.17参照]。したがって、同じく床倍率が0になる吹抜けと連続している場合は、特に注意が必要である。

　たとえば、吹抜けと接して階段を配置し、階段を含めた吹抜けが、一方の外壁面から対面する外壁面までに渡っている場合[図2]。その吹抜けを挟んだ2枚の壁には、お互いに水平力が伝達されないことを念頭に置いておかねばならない。図2でいうと、2階床レベルで[は通り]と[ち通り]に挟まれた区間にかかる地震力や風圧力は、[い通り]の1階耐力壁には伝達されない。そのため、[い通り]と[は通り]で挟まれている部分にかかる水平力の半分を[は通り]の耐力壁に負担させたうえで、[は通り]から[ち通り]に挟まれた間にかかる水平力も1階[は通り]から[ち通り]の耐力壁で負担するよう計画しなければならない。そのような配慮をしない場合は、この吹抜けには火打梁を配置し、2階床レベルの水平構面を固める必要がある。

　また、外壁面から突出している階段も床倍率は0となってしまうので、階段を含んで梁・桁を長方形に組み、突出部が大きく振られないように長方形の区画を火打梁などで補強したほうがよい[図3]。この場合、この長方形の四辺には継手を設けてはならない。

2階浴室、2階和室の床レベルを調整する手法

通常、浴室の床はバリアフリーと防水、両方の観点から他の床より下げるか同じ高さとする。つまり、2階に浴室を設計した場合、浴室内には胴差レベルの梁は通らない。しかも浴槽に水を張れば、他の居室に比べて重くなるので、1階の柱および壁の位置関係を十分検討しなければならない。具体的には、2階浴室内を通過する位置に1階壁がある場合、その壁上の梁は下がるので、その壁は耐力壁としないようにする。また、浴室の四周の梁またはそれを受ける梁のスパンを飛ばさないように、四周の真下かすぐ近くに1階の柱を設けるなどである。

ユニットバスを設ける場合は、吊り架台式と置床式のどちらを採用するかで計画が変わる。吊り架台式の場合、同じメーカーのものでも吊り架台の方向が異なることがあるので注意する。また、吊り架台を受ける梁のせいを十分大きくすることを忘れてはならない[図1a]。

置床式の場合は、通常の胴差レベルより下げてユニットバスの束を受ける梁を配置する。その梁を受けるために、ユニットバスの四周は2段に梁を組むことになる。また、ユニットバスを受ける梁の下がり量を確認して設計しなければならない[図1b]。

浴室の下には排水管を設けるが、1階天井裏を経てパイプシャフトまで排水管を通さねばならないので、その経路の梁せいと天井ふところ寸法についても十分検討したい。

2階に畳を敷く際、バリアフリーにするためにはその範囲の床下地を下げなければならない。一般的には、和室の内部に位置する床梁を下げて高さを調整する[図2a]。これは、床仕様が厚合板でも根太を用いる場合でも同様である。なお、この方法は、上下階の間仕切壁がある程度揃っていないととても配置しにくいうえに、材料に無駄が多くなるのがやや難点である。

根太で床高さを調整する方法もある[図2b]。フローリング部の床を根太転ばしか半欠きとしている場合、和室のみ根太を落とし込みにするなどして高さを調整するのである。

和室も浴室も、床を下げる範囲の四周の下に柱があるかないかで、設計の手間や構造強度が変わる。

図1｜ユニットバスの方式

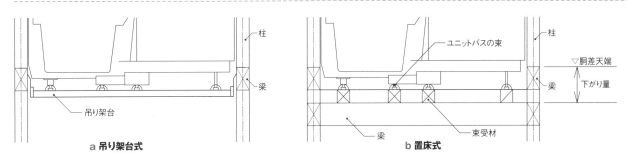

a 吊り架台式　　　　b 置床式

図2｜2階和室の床レベルを揃える

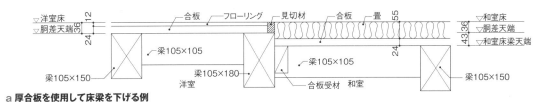

a 厚合板を使用して床梁を下げる例

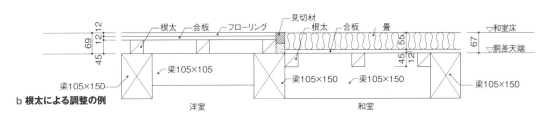

b 根太による調整の例

1階床伏図を描く

1階床伏図の作成

1階チェック図の上にトレーシングペーパーを重ねて作図開始！

完了

　1階床伏図は、1階の床組に関する図面である。1階チェック図を下敷きに、1階の床組を構成する部材として、土台、大引、根太などを描き入れる。土台は、柱の下に配置して柱から伝えられる鉛直荷重を基礎に流す役割をもつ部材である。本書では、1階構造ブロック図を参照して土台を配置したあと、1階床を固めるために火打土台を配置する。

　火打土台は、原則として1階構造ブロックの四隅に配置する。すべての1階間仕切の下に、間仕切とその柱を受けるための土台を配置し、さらに大引を配置する。

　大引は最下層の根太を支える横架材で、床仕上材の厚さによってその配置の高さを調整しなくてはならない。最後に、土台の継手位置を決定して1

壁・柱直下率チェック図 Step 1

構造ブロック図 Step 2

2階小屋伏図・屋根伏図 Step 3

2階床伏図 Step 4

1階床伏図 Step 5

基礎伏図 Step 6

図｜鉛直荷重の流れ

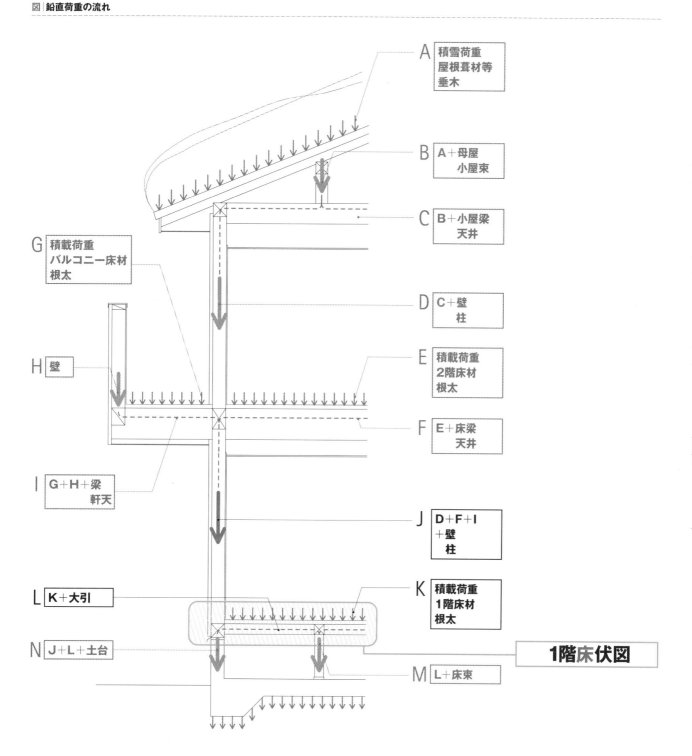

A｜積雪荷重 屋根葺材等 垂木

B｜A＋母屋 小屋束

C｜B＋小屋梁 天井

D｜C＋壁 柱

E｜積載荷重 2階床材 根太

F｜E＋床梁 天井

G｜積載荷重 バルコニー床材 根太

H｜壁

I｜G＋H＋梁 軒天

J｜D＋F＋I ＋壁 柱

K｜積載荷重 1階床材 根太

L｜K＋大引

M｜L＋床束

N｜J＋L＋土台

1階床伏図

階床伏図は完成となる。

　なお、モデル住宅のように、1階に水廻りがあるときには、設備配管と火打土台や根太との干渉があるかどうかを検討する必要がある。

荷重に対する計画

　これらの部材で受ける荷重を上図で確認しておこう。土台では、1階柱を通して、屋根荷重、2階床荷重、2階積載荷重を受ける。そして、根太、大引で、1階の床荷重、家具などの1階積載荷重を受ける。1階床伏図では、外壁の位置、間仕切の位置によって土台の位置が決まり、床仕上げの種類によって大引の配置が決まる。

壁・柱直下率の1階チェック図をもとに、1階構造ブロックの下に土台を配置する

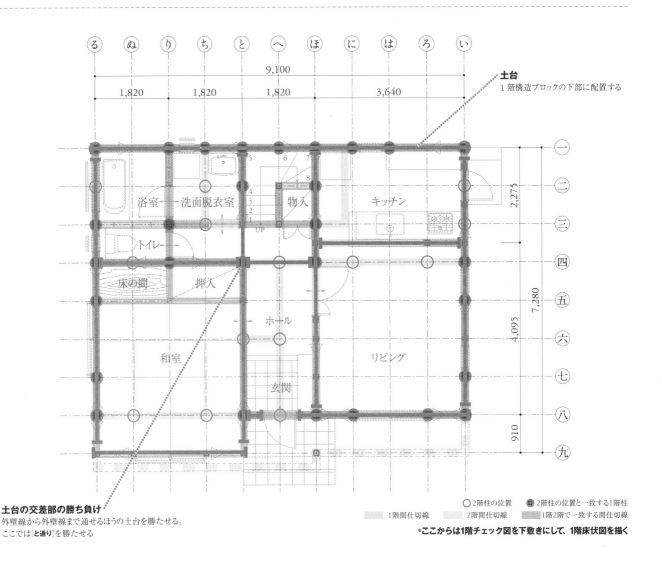

土台
1階構造ブロックの下部に配置する

土台の交差部の勝ち負け
外壁線から外壁線まで通せるほうの土台を勝たせる。
ここでは[と通り]を勝たせる

○2階柱の位置　●2階柱の位置と一致する1階柱
▨ 1階間仕切線　▨ 2階間仕切線　▨ 1階2階で一致する間仕切線

●ここからは1階チェック図を下敷きにして、1階床伏図を描く

　1階床伏図の検討は、1階構造ブロックの下に「土台」を配置することから始める。土台は、柱の下に配置して、柱から伝えられる荷重を基礎に流す役割を果たす水平材である。

　検討・作図にあたっては、2階床伏図と同様、**上図**のように壁・柱直下率の1階チェック図の上にトレーシングペーパーを重ね、平面と間仕切・柱位置が確認できるようにする。さらにp.34で作図した1階構造ブロック図を参照しながら、土台を配置していく。土台を配置する手順は以下のとおり。
①1階構造ブロック図を参照し、外周部を確認する。
②外周部のうち長手方向の土台を配置する。

　上図では、まず[**一通り：い−る**]に配置し、[**八通り：い−と**][**九通り：と−る**]にも配置する。玄関の部分ではドアが土間床の高さまであるので、[**八通り：又ほ−又へ**]には土台を配置しない。

③外周部のうち短手方向に土台を配置する。

　上図では[**い通り：一−八**]に配置し、[**る通り：一−九**][**と通り：八−九**]にも配置する。
④次に、内部の構造ブロックの下部に土台を配置する。

　上図では[**ほ通り：一−八**][**と通り：一−八**]、次に[**又三通り：い−ほ**][**四通り：ほ−る**]に配置する。ここで、[**と通り：一−八**]と外周部の短手方向のところで配置した[**と通り：八−九**]をつなげて1本の土台[**と通り：一−九**]とする。
⑤最後に、土台の交差部の勝ち負けを検討する。

　ここでは[**と通り：一−九**]と[**四通り：ほ−る**]が交差している。土台の勝ち負けは、どちらかが外壁線から外壁線まで通せる場合は、通せるほうの土台を勝たせる。そこで上図では[**と通り：一−九**]が勝つ。なお、両方とも外壁線まで通せる場合は、1階構造ブロック上で1階間仕切が長いほうを勝たせる。

Step 1　壁・柱直下率チェック図
Step 2　構造ブロック図
Step 3　2階小屋伏図・屋根伏図
Step 4　2階床伏図
Step 5　1階床伏図
Step 6　基礎伏図

Step 5
1階床伏図 2

1階床組を固める火打土台を配置する

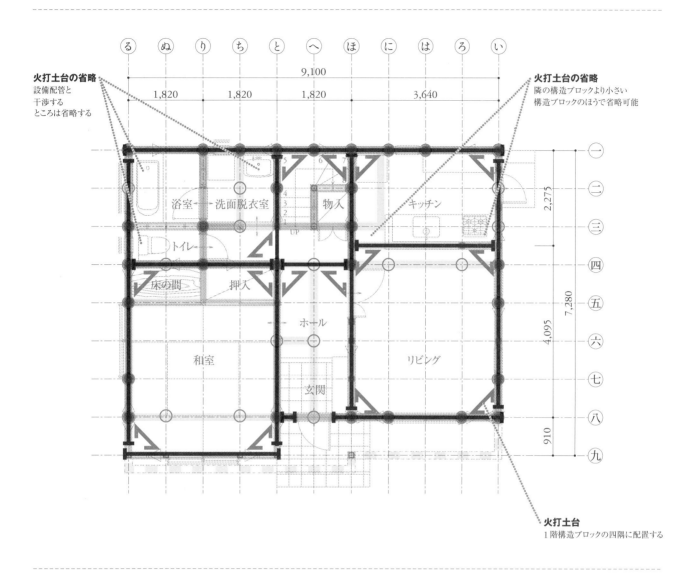

火打土台の省略
設備配管と
干渉する
ところは省略する

9,100
1,820　1,820　1,820　3,640

る　ぬ　り　ち　と　へ　ほ　に　は　ろ　い

火打土台の省略
隣の構造ブロックより小さい
構造ブロックのほうで省略可能

一　二　三　四　五　六　七　八　九

2,275
4,095
910
7,280

浴室　洗面脱衣室　物入　キッチン
トイレ
床の間　押入
和室　ホール　リビング
玄関

火打土台
1階構造ブロックの四隅に配置する

　ここでは、1階床組を固めるために火打土台を配置していく。

①火打土台は、原則として1階構造ブロックの四隅に配置する。

　リビング部分の構造ブロックは[**い又三**–**ほ八**]となるので[**い又三**]左下、[**ほ又三**]右下、[**い八**]左上、[**ほ八**]右上に火打土台を配置する。和室は構造ブロックが[**と四**–**る九**]なので[**と四**]左下、[**る四**]右下、[**と九**]左上、[**る九**]右上に配置する。

②火打土台を配置した構造ブロックが隣り合う場合には、小さいほうの構造ブロックの火打土台を省略する場合がある。

　上図のキッチンでは、構造ブロックが[**い一**–**ほ又三**]であるので、[**い一**]左下、[**ほ一**]右下、[**い又三**]左上、[**ほ又三**]右上に火打土台を設けることになるが、リビングの構造ブロック[**い又三**–**ほ八**]と隣り合っており、キッチンの構造ブロックのほうが小さいので、[**い又三**]左上、[**ほ又三**]右上の部分の火打土

台は省略する。

　玄関・ホールの部分の構造ブロックは[**ほ四**–**と八**]であるが、[**八通り**]の部分は玄関ドアと土間床になっているので、火打ち土台は配置できない。ただ、構造ブロックが小さいので必ずしも四隅に配置する必要はない。そこで、[**ほ四**]左下、[**と四**]右下だけに配置する。また、階段部分の構造ブロックも同様に[**ほ一**]左下、[**と一**]右下とする。

③水廻りなどの各部屋は、設備の配管と火打土台が干渉しないように配置する。

　浴室・洗面脱衣室・トイレ・廊下の部分の構造ブロックは[**と一**–**る四**]であるが、浴室とトイレ・洗面脱衣室の部分[**る一**]右下と[**る四**]右上、[**と一**]左下は設備の配管があるので、火打土台は付けられない。よって、ここの構造ブロックについては[**と四**]にのみ火打土台を配置する。

1階間仕切などの下にも土台を配置する

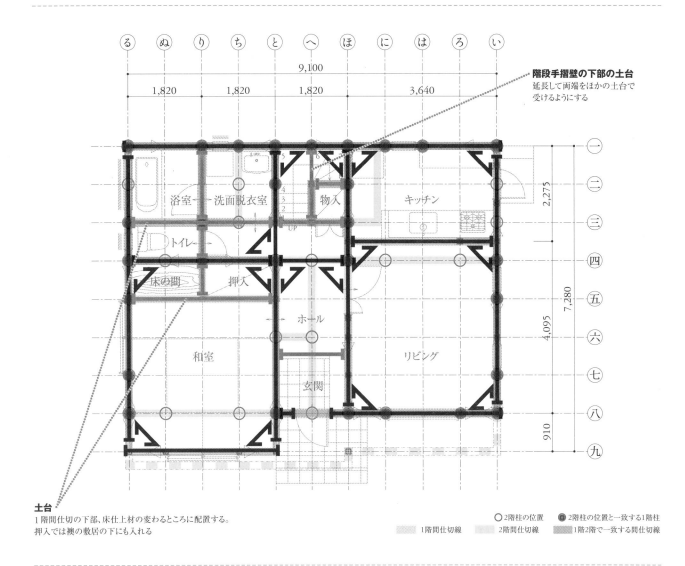

階段手摺壁の下部の土台
延長して両端をほかの土台で
受けるようにする

土台
1階間仕切の下部、床仕上材の変わるところに配置する。
押入では襖の敷居の下にも入れる

○ 2階柱の位置　　● 2階柱の位置と一致する1階柱
1階間仕切線　　2階間仕切線　　1階2階で一致する間仕切線

　ここでは、まだ土台を配置していない1階間仕切の下に土台を配置する。

①1階間仕切の下でまだ土台を配置していない箇所を確認し、土台を配置する(上図では間仕切のグレー色の線、グレー・赤色が重なった線が対象)。

②土台の交差部の勝ち負けは、土台の長さに対して、土台の上にある間仕切の長さが多いほうを勝たせて配置する。

　間仕切が長いと耐力壁となる可能性が高く、そこに構造上の弱点となる土台継手をなるべくつくりたくないためである。

　上図では、まず、間仕切の部分で浴室・洗面脱衣室とトイレ・廊下の間の[**三通り:と–る**]に土台を配置し、つぎに浴室と洗面脱衣室の間の[**り通り:一–三**]、トイレと廊下の間の[**り通り:三–四**]に配置する。ここで、[**り三**]の交差部分の勝ち負けは、間仕切が長いほうの[**三通り:と–る**]を通している。

③次に、床仕上材の変わる部分に土台を配置する。

　和室と押入・床の間の間[**五通り:と–る**]は、押入の襖用に敷居が入るため、また床の間と和室の間は床仕上げ、床高が変わる場合がある。併せて[**り通り:四–五**]にも土台を配置する。

④階段の部分は、構造強度にも配慮して土台を配置する。

　まず、階段の昇り口と物入の床がある[**三通り:ほ–と**]に土台を配置し、手摺壁[**へ通り:二–三**]の部分は、そこだけに土台を配置すると不安定になるので、延長して[**へ通り:一–三**]とし、この土台の両端を土台で受けられるようにする。

⑤玄関框の下部では土台位置を調整する。

　[**又六:ほ–と**]は玄関とホールで床の高さが違い、上り框がつくので、框の分だけホール側に逃げて土台を配置する[**p.96 図**参照]。

1階床を支持する大引を配置する

Step 1 壁・柱直下率チェック図

Step 2 構造ブロック図

Step 3 2階小屋伏図・屋根伏図

Step 4 2階床伏図

Step 5 1階床伏図

Step 6 基礎伏図

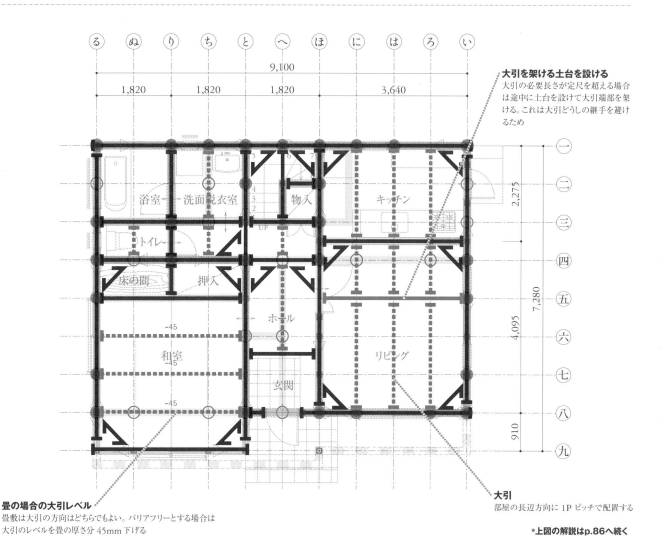

大引を架ける土台を設ける
大引の必要長さが定尺を超える場合は途中に土台を設けて大引端部を架ける。これは大引どうしの継手を避けるため

畳の場合の大引レベル
畳敷は大引の方向はどちらでもよい。バリアフリーとする場合は大引のレベルを畳の厚さ分45mm下げる

大引
部屋の長辺方向に1Pピッチで配置する

•上図の解説はp.86へ続く

「大引」とは、最下階の根太を支える水平材で、根太に直角に1Pピッチで渡し、端部は大引受け、または土台に乗せ架ける。また、中間の部分は束で受ける。

以下に大引を配置するときの原則と、根太、部屋の床仕上材などに関連する注意点を挙げる。なお、**上図**では煩雑になるのを避けて根太の表記は省略している。

①大引を1Pピッチで配置する。

このとき、大引の配置の仕方は、各部屋の床仕上材の種類や向きによって決まる。床仕上げがフローリングの場合、通常は部屋の長辺方向にフローリングを張るので、根太がフローリングに直交する方向になり、大引は根太に直交する方向に架けるので、結局、フローリングと同じ方向に大引を架ける。また、モデル住宅のリビングとキッチンのようにつながっている場合は、フローリングも縁を切らずにつなげて張

っていくので大引も同じ方向に架けていく。

上図ではキッチンの大引は、リビングと同じ方向で[**ろ通り：一–又三**][**は通り：一–又三**][**に通り：一–又三**]に配置する。

②大引の長さは2間（3,640mm）以内の長さとし、それを超える場合は土台を配置して、これに大引端部を架ける。

これは大引用の木材の定尺長さは4mであるため、それ以上必要になったときに大引の継手を避けるためである。

上図ではリビングの大引は、1Pピッチで[**ろ通り：又三–八**][**は通り：又三–八**][**に通り：又三–八**]となる。

しかし、[**又三–八**]の長さは4,095mで、定尺4mを超えるため、[**五通り：い–ほ**]に土台を配置し、[**又三–五**][**五–八**]に分けて、大引の長さが2間以内となるようにする。そこで[**ろ通り：又三–五**]と[**ろ通り：五–八**]、[**は通り：又三–五**]と[**は通り：五–八**]、[**に通り：又三–五**]と[**に通り：五–八**]に大引を配置する。

図 | 畳敷をバリアフリーにする場合の納まり

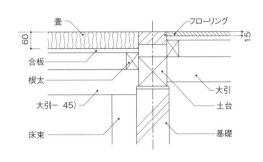

このとき[**五通り：い–ほ**]の土台には基礎をつくらずに、床束で受けるようにする。

③バリアフリーとする畳敷では大引の高さを下げて調整する。

　床仕上げが畳敷の場合、根太の方向は長手・短手を気にしなくてもよい。しかし、和室をバリアフリーとして畳のレベルを廊下や他の部屋の床面と揃える場合と、揃えない場合では大引の高さが違ってくる。

　前図[p.85]の和室はバリアフリーとし、廊下と床レベルを揃えるので、大引を畳の厚さとフローリングの厚さの差分45mmを下げている[図]。そのため、大引の上部に－45と表記してある。また、図を見て分かるように、大引を下

げると根太も下がるため、根太と火打ちが干渉してしまう。そのため、幅の狭い鋼製火打を用いるなどの対応が必要である。

④トイレ、洗面脱衣室などでは、設備の配管と大引、根太の干渉を考慮して大引の位置と方向を決定する。

　前図のトイレでは、根太が縦方向に配置されると便器の排水管と干渉してしまうおそれがあるので、根太を横方向に配置できるように、大引を[**ぬ通り：三–四**]に配置する。洗面脱衣室の大引の方向は、設備配管に関しては縦横どちらでも影響がないが、フローリングを廊下部分と合わせて縦方向に張るために大引を縦方向[**ち通り：一–三**]に配置している。

⑤フローリングを張る方向により、大引が不要になる場合がある。

　前図のホール部分は、フローリングを縦方向に張りたいので、大引は縦に[**へ通り：三–四**][**へ通り：四–又六**][**ち通り：三–四**]に配置する。ただし、洗面脱衣室の前の廊下部分とホール部分でフローリングの向きを切り変える場合は、この部分の土台のピッチが1Pなので、[**ち通り：三–四**]の大引は不要になる。そのときは根太を縦方向に配置すればよい。

　なお、モデル住宅では1階に浴室と和室を設けているが、これらを2階に設ける場合の納まりについてはp.79で解説しているので、参考にしてほしい。

Step 5

壁・柱直下率チェック図 | Step 1
構造ブロック図 | Step 2
2階小屋伏図・屋根伏図 | Step 3
2階床伏図 | Step 4
1階床伏図 | Step 5
基礎伏図 | Step 6

1階床伏図 5

土台の継手位置を決定する。完了

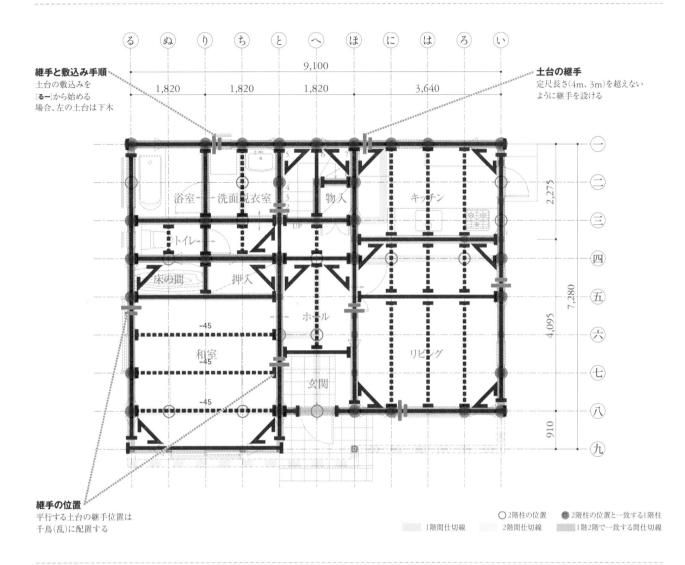

継手と敷込み手順
土台の敷込みを
[る一]から始める
場合、左の土台は下木

土台の継手
定尺長さ(4m、3m)を超えない
ように継手を設ける

継手の位置
平行する土台の継手位置は
千鳥(乱)に配置する

○2階柱の位置　●2階柱の位置と一致する1階柱
1階間仕切線　2階間仕切線　1階2階で一致する間仕切線

　土台に使う木材の定尺長さは4m、3mであるが、ここまでの段階で配置した土台には定尺以上の長さのものがある。そこで継手を設けて、定尺長さ以下にしなくてはならない。①すでに配置してある土台のなかで、定尺長さ(4m)以上の土台の位置を確認する。

　上図では、長手方向で[一通り:い―る][八通り:い―又ほ]、短手方向は[い通り:一―八][ほ通り:一―八][と通り:一―九][る通り:一―九]である。

②定尺長さ(4m、3m)を考慮して、①で確認した土台に、以下に挙げる事項に注意して継手を設ける。

・継手が基礎に設ける人通口や換気口の上にこないようにする。ただし今の段階では、まだ、これらの位置を決めていないので、決まった段階[p.97「基礎伏図3」参照]で同じ位置にくるようであれば、継手位置か人通口、換気口のどちらかを移動する。

・土台の敷込み手順を考慮して、下木(持ち出す材)を先に配置し、次に上木(乗せ掛ける材)が配置できるようになっているかを確認する。

・まんじ(卍)組にならないようにする[p.54参照]。

・土台継手の位置は、アンカーボルト[p.98、「基礎伏図4」参照]やホールダウン金物の位置と密接に関係しているので、それらとの納まりの検討が必要である。

　上図において[一通り:い―る]では、[ほ一]右、[り一]右。[八通り:い―又ほ]では、[に八]右。[い通り:一―八]では、[い五]上。[ほ通り:一―八]では、[ほ五]下。[と通り:一―九]では平行する土台の継手位置とずらして、[と三]上、[と七]上。[る通り:一―九]では、[る五]下である。なお、定尺材における継手の詳細な寸法は、p.91「知っておきたい設計ポイント 継手位置編3」を参照されたい。

継手位置に関する3つの条件

木造軸組構法の伏図を描くうえで最も悩ましいのは、継手位置の決定だろう。あれはダメこれもダメと禁じ手の情報が多く、すべてを満たそうとすると、どこにも継手を設けられなくなってしまうからである。

禁止事項が非常に多い理由は、継手部分においては強度が低下するからである。たとえば、曲げ強度は継手がない場合の10%程度しかない。構造強度のみを優先すれば、継手をなくし、長い材料を使えばよいのだが、コストや施工性を考慮するとそうはいかない。それでは、どの禁じ手を優先して検討すべきか、また、どのように補強すればよ

いのか検討していこう。

鎌継手の位置の絶対3条件

まず、継手の形状をあらためて確認しておこう。プレカット加工で一般的に用いられる梁の継手は「鎌継手（つぎて）」[p.54・55参照]である。この継手は、受けるほうの材（下木・したき）を柱から少し持ち出し、その上から、乗せ掛けるほうの材（上木・うわき）を落とし込む形状である。この納まりにより、継手位置の絶対条件が2つ与えられる。

1つは、継手位置は必ず柱の上近くであること[図1]。もう1つは、受ける材（下木）は乗せ掛ける材（上木）のせい

の同寸以上のせいでなければならないこと[図2]。そして、本書ではもう1つ条件を加えたい。それは、直交する横架材があることである[図3]。鎌継手の場合、横からの力に対してあまり強くないので、継手を支点近くに配置し、大きな曲げモーメントを受けないようにするためである。

一つひとつ禁じ手について、どちらが強い弱いと比較する前に、もっとマクロな視点で建物全体を捉えると、おそらく継手の数がより少ないほうが丈夫な建築物であるといえるだろう。なるべく継手の数が少なくなることを最優先に設計することを忘れないでほしい。

図1｜柱の上で継ぐ

継手位置が柱から離れている
柱

柱上の実際の継手位置は柱から30cm程度持ち出した位置になる。腰掛鎌継手の場合の持出し寸法例は255mm[p.91参照]

図2｜受ける材のせいは掛かる材のせい以上

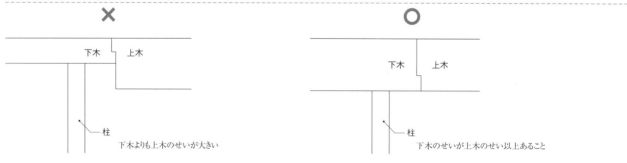

下木よりも上木のせいが大きい
柱

下木のせいが上木のせい以上あること
柱

図3｜直交する横架材があるところで継ぐ

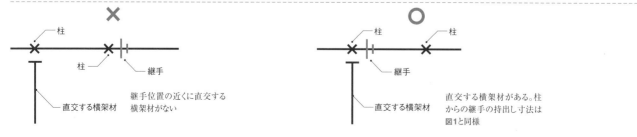

柱
柱
継手
直交する横架材
継手位置の近くに直交する横架材がない

柱
柱
継手
直交する横架材
直交する横架材がある。柱からの継手の持出し寸法は図1と同様

**知っておきたい
設計ポイント 継手位置編2**

避けるべき継手位置と
その優先順位

ここでは、継手位置としては避けるべき箇所、つまり継手部分に大きな荷重が加わる例を挙げる。また、十分とはいえないが、その回避方法や補強方法についても触れることにする。図に示した①から⑥までの継手位置は、すべて好ましくないもので、避けるべきものから順に列挙してある。つまり①が最も避けるべきもので、⑥に近づくほどやむを得ない場合は仕方がないと割り切って設計してもよいだろう。すべてを避けようとすると、どこにも継手を設けられなくなったり、筋かいや火打梁を減らすなど、建物全体の強度を落としてしまうような解決策に走ってしまったりするおそれがある。こだわり過ぎには注意してほしい。

優先順位を決める6例

①集中荷重付近の継手

継手の近くで、上木側に大きな荷重が加わると、継手にも大きな負担がかかる。たとえば、大きな荷重を受けている小屋梁や床梁を継手近くで受ける場合や、図①のように、2階床梁が継手近くで柱を受ける場合など。集中荷重は受けていなくても、等分布荷重を受けていてこの梁のスパンが長ければ、大きな荷重が継手に加わるので、この条件にあてはまる。回避方法としては、継手の上木・下木を反転させ、継手を下柱に対して反対側に動かすか、継手位置をほかの柱まで動かすのがよい。

②耐力壁内の継手

特に図②のように耐力壁が筋かいの場合、右から左に水平力が加わると筋かいがつっかえ棒のように働き、梁を押し上げ、筋かい上部の梁は継手部を頂点に山型に変形してしまう。そうなると筋かいに期待している耐力が発揮されず、耐力壁としての役割を果たせない

図｜①→⑥の順で、避けるべき継手位置

①集中荷重付近の継手

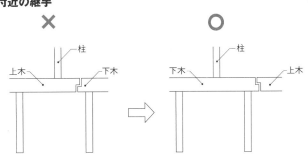

集中荷重を受けるスパン内に継手がある。集中荷重を受ける梁が上木になっている

上木と下木を逆にする。継手の位置をずらす

②耐力壁内の継手

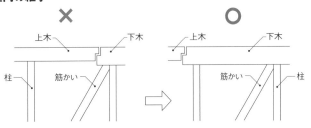

右から左に水平力を受けると筋かいが梁を押し上げ、継手部を頂点に山形に変形する

継手位置を耐力壁の外へ移動する

③吹抜け内部の継手

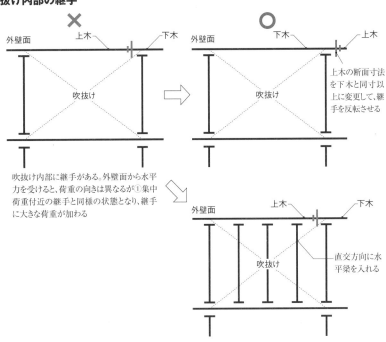

吹抜け内部に継手がある。外壁面から水平力を受けると、荷重の向きは異なるが①集中荷重付近の継手と同様の状態となり、継手に大きな荷重が加わる

上木の断面寸法を下木と同寸以上に変更して、継手を反転させる

直交方向に水平梁を入れる

危険性がある。この場合も、継手を反転させるか、移動させるのがよい。

③吹抜け内部の継手

吹抜けや階段室、勾配天井に接する外壁面の胴差(どうさし)や軒桁(のきげた)・妻梁(つまばり)の継手には、風圧力が加わる。風圧力は鉛直方向ではなく水平方向の力なので、この横力に対する支点は柱ではなく、直交する梁となる。吹抜け内に直交する水平梁が配置されていなければ、この梁のスパンは長くなる。つまり、荷重方向は異なるが①と同じ状態になり、継手に大きな荷重が加わる。この場合は、継手を反転させるか、移動させる。または、吹抜け内部に水平梁を配置し、この梁のスパン長さを短くする方法もある。

④火打梁内の継手

火打梁は梁仕口の回転を拘束することにより、この梁組の水平構面の剛性を高めるためのものである。その火打梁の内部に継手があると、継手部分で回転してしまい、火打梁の効果がなくなってしまう。この場合は、継手を反転させるか継手を移動させるのがよい。また、この継手を囲うように四周に火打梁が入っていれば、継手部の回転を拘束できるので、火打梁を追加してもよい。

⑤一直線上の継手

継手部分は強度が低いので、構造上の弱点は1カ所に集中させず、なるべく分散させる。特に切妻屋根の母屋(もや)は継手位置が揃いやすい。また、母屋(もや)の場合は、継手を水平方向に固定する直交梁(母屋つなぎ)などを配置しないことが多いので要注意。この場合は、継手位置を動かして継手を千鳥(乱)に配置する。それでは不具合があるときは継手向きを1本置きに反転させてもよい。

⑥天秤となる継手

天秤とは、外に跳ね出した部材端部に荷重がかかったとき、継手がはずれやすい状態をいう。たとえば、切妻屋根において、けらば(妻側の端部)までつながる母屋や棟木に妻壁から近い位置で継手を設けたとき、けらば側の部材が上木になっていると、天秤にあたる。軒先に荷重が加わると、母屋や棟木が跳ね上がってしまうおそれがあるので、なるべく避けたい。この場合は、継手を反

転させるか、継手を移動させ、跳ね出し部の長さの2倍以上の長さを確保した位置に継手を配置するなどの回避方法がある。

それぞれの回避方法では対処がむ

ずしい場合は、番号の数値が大きい順に従って継手を設計しても仕方がないだろう。ただし、その際には必ず継手部を短冊金物などで補強するようにしなければならない。

図 | p.83 ①～⑥の順で避けるべき継手位置

④火打梁内の継手

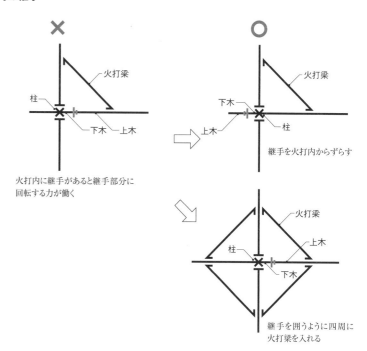

❌
火打梁／柱／下木／上木
火打内に継手があると継手部分に回転する力が働く

⭕
火打梁／下木／上木／柱
継手を火打内からずらす

火打梁／上木／柱／下木
継手を囲うように四周に火打梁を入れる

⑤一直線上の継手

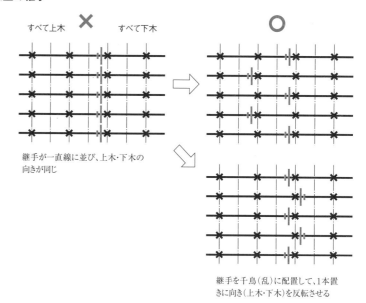

❌
すべて上木／すべて下木
継手が一直線に並び、上木・下木の向きが同じ

⭕

継手を千鳥(乱)に配置して、1本置きに向き(上木・下木)を反転させる

⑥天秤となる継手

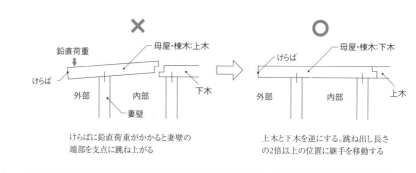

❌
鉛直荷重／母屋・棟木:上木／けらば／外部／内部／妻壁
けらばに鉛直荷重がかかると妻壁の端部を支点に跳ね上がる

⭕
けらば／母屋・棟木:下木／上木／外部／内部
上木と下木を逆にする。跳ね出し長さの2倍以上の位置に継手を移動する

知っておきたい 設計ポイント 継手位置編 3

木材の定尺長さを考慮した継手位置の決定方法

一般に流通している木材の長さは決まっており、「定尺」と呼ぶ。樹種、使用部位などによるが、定尺長さはおもに3m、4m、5mである。

一般的な鎌継手の寸法[図1]に従い、端部が下木(女木)の場合と上木(男木)の場合をそれぞれ組み合わせて、長さ2間(3,640mm)の床梁の必要材長を検討してみよう。一方の端部が上木でもう一方が下木の場合は、材実長さ3,775mmとなり、4m材を使用するとちょうどよい[図2a]。両端とも上木の場合は、材実長さは3,400mmとなり、4m材なら十分余裕がある[図2b]。しかし両端とも下木の場合は、材実長さ4,150mmとなるので、4m材では不足である[図2c]。だからといって、このためだけに継手の向きを反転させて、4m材で収まるようにする必要はなく、5m材を用いればよい。材料の無駄を減らすことはもちろん大切だが、建物が長く使われるよ

うに、構造強度や耐久性を確保することのほうがはるかに優先順位は高い。

モジュール数を頼りに継手位置を決める

とはいえ、現実的に継手を設ける場面は多く、材長が継手位置を決める要素にもなるので、各部材の最長寸法を知っておくことは重要である。

たとえば、土台用の材料には、5m材はあまりないので、4m材で足りるように継手を設計しておかなければならない。梁は、通常5m材までだが、集成材は6m材を使用しても問題ない。母屋・棟木の場合、通常5m材まで材料はあるが、定尺長さがよく分からないときは、4mまでに収まるよう設計するのが無難だろう。ただし、せいが大きい場合は梁と同じ材料を使用するので、4mにこだわらなくてよい。

では、定尺を考慮した継手位置決定方法のコツを紹介しよう。一方の端部の

継手が下木で、もう一方の端部が上木の場合、何モジュールまで1本で通せるかを土台、梁、母屋といった部材別にあらかじめ確認しておく。そして、実際の寸法をミリ単位で計算せず、モジュール数だけを頼りに継手位置を決めるのである。たとえば、910mmモジュールの場合、土台の材長は4mまでに抑えたいので、4モジュール以内(−120+3,640+255＝3,775)ごとに継手を設ける。床梁、小屋梁に集成材を用いる場合は、6モジュール以内(−120+5,460+255＝5,595)に継手を設ける。

次に、この条件より材長が長くなるケースについて、部分的に長さを確認する。たとえば、両端とも下木となる床梁や、けらばの出寸法が大きな切妻屋根の母屋などである。ただし、メーターモジュールの場合は、定尺寸法とモジュールの組み合わせが悪いので、注意が必要である。

図1｜一般的な腰掛鎌継手(プレカットの鎌継手)の寸法

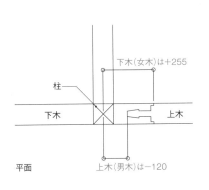

図2｜3,640mm[2間]の床梁の必要材長を検討する

a 一端上木、一端下木

−120+3,640+255＝3,775[4m材が適当]

b 両端上木

−120+3,640−120＝3,400[4m材で十分余裕あり]

c 両端下木

+255+3,640+255＝4,150[4m材では不足]

基礎伏図を描く

基礎伏図の作成

1階チェック図の上にトレーシングペーパーを重ねて作図開始!

完了

　基礎伏図は、基礎に関する図面である。1階チェック図を下敷きに、構造ブロックを参照しながら、基礎立上りと地中梁、土台と基礎を緊結するアンカーボルト、大引を支える床束を描き込んでいく。基礎の種類は地耐力に応じて建築基準法によって定められており、モデル住宅ではべた基礎とする。

　基礎伏図では、構造的な内容ととも

に、メンテナンス上欠かせない基礎人通口や床下点検口の記入も重要である。基礎人通口と床下点検口では、床下のすべての部分が点検できなくてはならない。また、基礎人通口の部分には土台の継手を設けてはならないこと、アンカーボルトの配置によっては、土台の継手位置の再検討が必要であることなど、留意すべきポイントが多い。

Step 1 壁・柱直下率チェック図

Step 2 構造ブロック図

Step 3 2階小屋伏図・屋根伏図

Step 4 2階床伏図

Step 5 1階床伏図

Step 6 基礎伏図

図|鉛直荷重の流れ

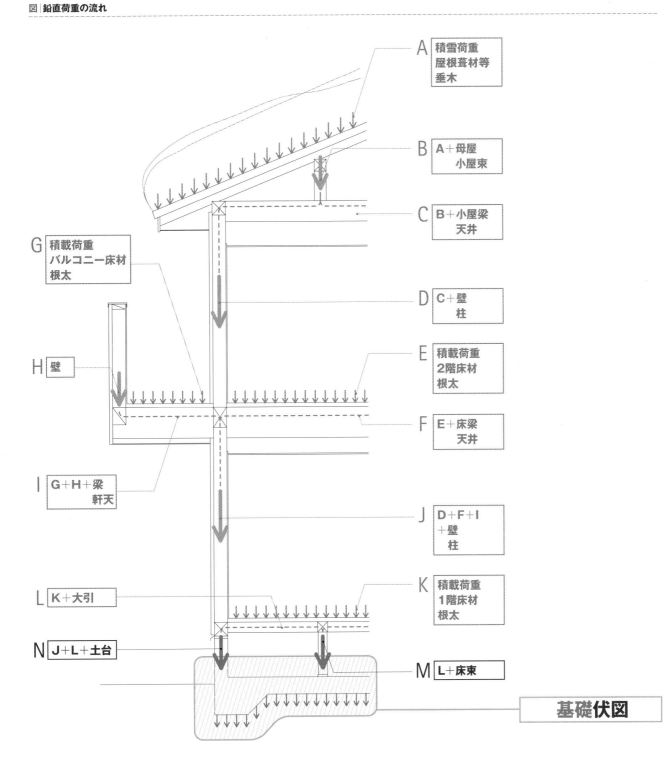

A | 積雪荷重 屋根葺材等 垂木

B | A＋母屋 小屋束

C | B＋小屋梁 天井

G | 積載荷重 バルコニー床材 根太

D | C＋壁 柱

E | 積載荷重 2階床材 根太

F | E＋床梁 天井

H | 壁

I | G＋H＋梁 軒天

J | D＋F＋I ＋壁 柱

K | 積載荷重 1階床材 根太

L | K＋大引

N | J＋L＋土台

M | L＋床束

基礎伏図

本書では、基本的な基礎の配置、形状のみを扱っているが、配筋などは構造計算やスパン表によらなければならない。なお、基礎伏図には余白に基礎詳細図を併記することが多い。

荷重に対する計画

ここで問題になる荷重について上図で確認しておこう。基礎を通して建物全体の荷重を地盤に伝え、アンカーボルトを通して水平荷重と耐力壁部分の引抜き力を基礎で受け、地盤に流す。また、床束では1階の床荷重と家具などの1階積載荷重を受けて、基礎から地盤に流す。

壁・柱直下率の1階チェック図をもとに、1階構造ブロックの下に基礎の立上り部分を配置する

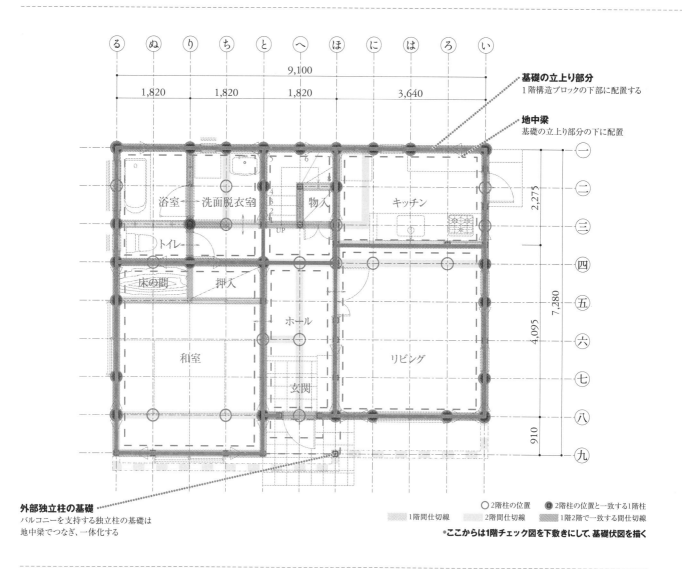

基礎の立上り部分
1階構造ブロックの下部に配置する

地中梁
基礎の立上り部分の下に配置

外部独立柱の基礎
バルコニーを支持する独立柱の基礎は
地中梁でつなぎ、一体化する

○ 2階柱の位置　● 2階柱の位置と一致する1階柱
▨ 1階間仕切線　▨ 2階間仕切線　▨ 1階2階で一致する間仕切線
●ここからは1階チェック図を下敷きにして、基礎伏図を描く

　本書では、モデル住宅の基礎の形式をべた基礎としている。そして、床下換気は基礎パッキンを使用することとする。そのため、基礎立上り部分には床下換気口は設けない。

　よって、この作図ステップではべた基礎の立上りの位置や人通口などの基本的な基礎のかたちとその配置を決めることにする。

　作図にあたっては1階チェック図の上にトレーシングペーパーを重ね、平面と間仕切・柱位置が確認できるようにする。さらにp.34で作図した1階構造ブロック図を参照しながら、基礎の立上りなどを配置していく。

　基礎の立上りを配置する手順は以下のとおり。
①1階構造ブロックの下に、主要な基礎の立上り部分を設ける。

　上図では、長手方向で[一通り：い–る][又三通り：い–ほ][四通

り：ほ–る][八通り：い–又ほ][八通り：又へ–と][九通り：と–る]、短手方向は[い通り：一–八][ほ通り：一–八][と通り：一–九][る通り：一–九]に基礎立上りを配置する。

　ただし、玄関・勝手口などの開口部は基礎立上りを設けないので、上図では玄関の[八通り：又ほ–又へ]の部分は開けておく。

②①で配置した基礎立上り部分の地中梁を設ける。

　上図では地中梁の幅を破線で示している。

③外部独立基礎などは、地中梁でつなぎ一体化する。

　モデル住宅では玄関ポーチの独立柱[ほ九]のところで[ほ通り：八–九][九通り：ほ–と]に地中梁を配置する。

　基礎の設計にあたっては、建築基準法により地耐力が20kN/㎡以下の場合は基礎杭、20～30kN/㎡の場合はべた基礎、30kN/㎡以上の場合は布基礎と決められている。

また、基礎杭の場合は構造計算により、べた基礎や布基礎の配筋などは建築基準法に定められた仕様によるか、構造計算またはスパン表によって決めなければならない。

　なお、本書では基礎伏図の作成のみを行い鉄筋の配筋などの基礎詳細図は、上記のように構造計算などが必要となるため省略している。

スラブと基礎立上りの役割

　p.14の鉛直荷重の流れで確認したように、建物の全重量は地盤に流れる。建物が沈下せずに建っているのは、地盤面で力がつり合っているからである。つまり、基礎底版は下から上向きに建物重量と同じ大きさの反力を受けている。

　べた基礎の場合、まず、この地反力をスラブで受ける[図1]。次に、そのスラブの四周を囲っている基礎梁(基礎立上り部分と地中梁)に力が流れる。ちょうど、2階床を逆さにしたような荷重条件である。2階床伏図を描く際に、まず構造ブロック上にブロック桁を配置したが、それが基礎梁にあたる。2階床伏図では、次にその構造ブロックのなかに床梁を配置していったが、基礎伏図の場合はそのような小梁などは配置せず、スラブの耐力で四辺の基礎梁まで荷重を伝達する。

　べた基礎の設計は、建物全体の下部に鉄筋の入ったコンクリートを一様に打ち、土台の下に基礎立上りを設ければそれでよいというものではない。建物の重さ(屋根仕上げや階数)やスラブの大きさによって、スラブに必要な耐力は異なる。また、基礎梁も接するスラブの大きさなどにより、必要耐力が変わる。スラブも基礎梁も、それらの必要耐力を満たすように配筋量や断面寸法を決めなければならない。

　また、スラブは地反力を負担する構造単位なので、スラブの区画は1階構造ブロックと一致させるのが望ましい。左図の基礎伏図の手順で、まず、1階構造ブロックに基礎立上りと地中梁を配置しているのは、このスラブ区画の配置とそれを囲う基礎梁の配置までを同時に行っているのである。このあと、p.96の手順でそのほかの基礎立上りを配置するが、それは土台を受けるためのものであり、地反力は負担しない。構造上主要な躯体ではないので、納まり上必要な場所に必要な長さだけ配置すればよい。ただし、耐力壁により引っ張り力が生じる場合はその基礎立上りは基礎梁とみなし、直交する基礎梁まで延ばしたほうがよい。

　一方、スラブの四辺の基礎梁は大きな力を受けるので、構造耐力が低下するような設計はなるべく避けるようにしたい。たとえば、人通口は引っ張り側の欠損となるので、数が少なくなるように配慮し、なるべく応力の小さいところに設けるよ

うにする。特に、スパンが長い基礎梁の中央付近には、人通口を配置しないようにするべきである[図2]。

　このように基礎設計を行う際には、荷重を負担する梁なのか、土台を受けるだけの立上りなのかを区別しなければならない。そのためには、スラブの区画を設定して設計を進めなければならない。このスラブ区画の形状は矩形か、L字型などなるべく単純な形状としたほうがよい。

　本書では、べた基礎の場合の手順を紹介しているが、布基礎の場合も同じように設計する。まず、1階構造ブロックに基礎立上り(基礎梁)を配置する。この基礎梁の底版部分で地反力を受け、立上り部分に流れる。これ以外の基礎立上りは、半島形などにしてもよいが[図3]、構造ブロック上の基礎梁は、両端とも直交する基礎梁と接合しなければならない。人通口についてもべた基礎と同様に、曲げ応力の小さな位置に設けるように配慮しなければならない。

図1｜基礎と地反力

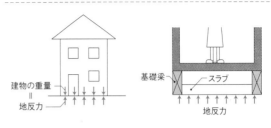

図2｜人通口を基礎立上りの中央に設けた場合の応力

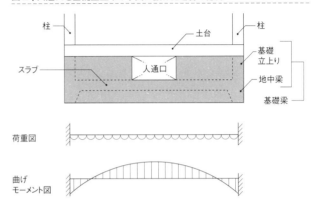

図3｜布基礎の形状

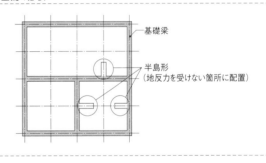

1階間仕切下などにも基礎の立上り部分を配置する

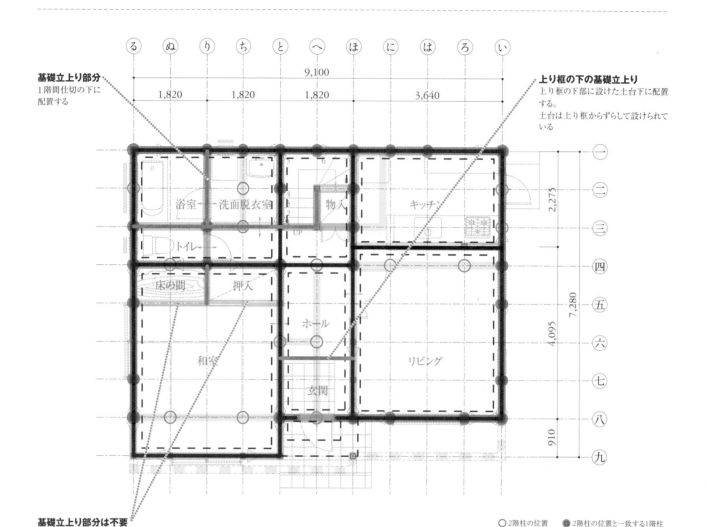

基礎立上り部分
1階間仕切の下に配置する

上り框の下の基礎立上り
上り框の下部に設けた土台下に配置する。
土台は上り框からずらして設けられている

基礎立上り部分は不要
荷重がかからないので、土台のみでよい

○ 2階柱の位置　● 2階柱の位置と一致する1階柱
1階間仕切線　2階間仕切線　1階2階で一致する間仕切線

　ここでは、1階間仕切の下に基礎立上りを配置する。すでに検討した1階構造ブロック下以外の1階間仕切の部分に関して検討する。対象となるのは間仕切の青色（上図ではグレー色）の線、また紫色（上図ではグレー・赤色が重なった）線である。

①1階間仕切壁を確認し、必要な箇所に基礎立ち上がりを配置する。

②土台だけでよい箇所には基礎立上りは配置しない。

　荷重がかからないため、土台だけで十分な箇所もあるので、p.84の1階床伏図3で1階間仕切の下に設けた土台の位置も確認しておきたい。

　上図では、浴室・洗面脱衣室の部分で[**三通り：と−る**][**り通り：一−三**]に配置する。トイレのドア下は土台のみでよい。和室の[**り通り：四−五**]に配置する。和室の床の間、押入の前の部

分[**五通り：と−る**]は、上からの荷重がかからないので基礎立上りは設けず、土台のみとする。同様に階段室の[**三通り：へ−と**][**へ通り：二−三**]に配置し、物入の[**二通り：ほ−へ**][**三通り：ほ−へ**]は土台のみ。

③玄関の上り框下は土台を設けた箇所に基礎立上りを配置する。上図の[**六又通り：ほ−と**]にも配置する[図]。

図｜玄関框と土台、基礎の納まり

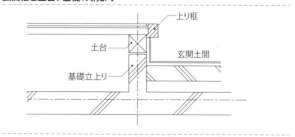

Step 6
基礎伏図 3

基礎立上り部分に基礎人通口、
床に床下点検口、大引を支持する床束を配置する

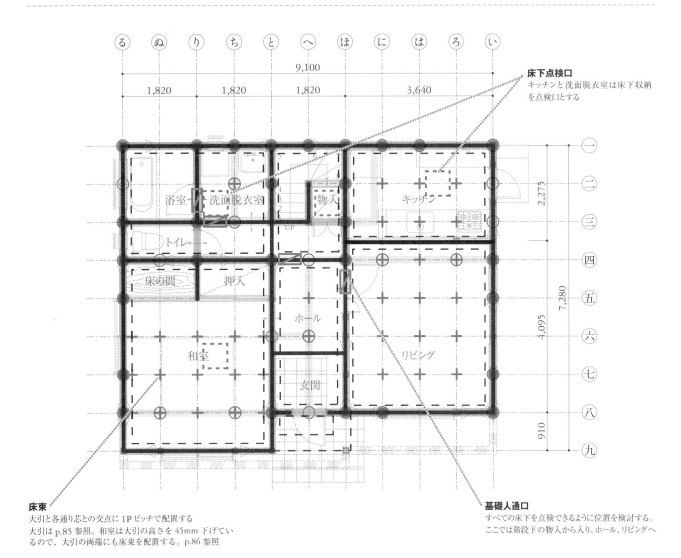

床下点検口
キッチンと洗面脱衣室は床下収納を点検口とする

床束
大引と各通り芯との交点に1Pピッチで配置する
大引はp.85参照。和室は大引の高さを45mm下げているので、大引の両端にも床束を配置する。p.86参照

基礎人通口
すべての床下を点検できるように位置を検討する。ここでは階段下の物入から入り、ホール、リビングへ

　ここでは、基礎立上り部分に基礎人通口、床下点検口、基礎のスラブ部分に床束を配置していく。人通口と床下点検口は、すべての床下部分を点検できるように位置を検討する。
①床下点検口を配置する。
　和室は畳を上げれば床下に入ることができる。一般にキッチンや洗面脱衣室に設ける床下収納部分から床下に入れる。また、押入や物入の部分では床を外せるようにしておけばよい。以上のような場所に床下点検口を設ける。
　上図では、キッチンと洗面脱衣室に床下収納を設けて点検口とし、階段下の物入にも床下点検口を設ける。和室は上記のように畳を上げて点検を行うものとする。
②次に、①で決めた各点検口からすべての床下に行けるように人通口を配置する。
　このとき、1階構造ブロック下の基礎立上り部分には、な

るべく人通口を設けないようにする。また、人通口はなるべく開口部の下に配置して、柱の直下は避ける。これらはいずれも構造耐力の低下につながるからである。
　上図ではリビングの床下には、リビング・ホール間[**ほ通り：四−五**]、ホール・階段室間[**四通り：へ−と**]に人通口を設けて、階段下の物入から入る。浴室・トイレとその前の廊下部分については[**り通り：二−三**]と[**三通り：ち−り**]に人通口を設けて、洗面脱衣室の床下収納から入る。キッチンは床下収納から、和室は畳を上げて床下に入るようにする。
③人通口の位置が土台の継手位置[p.87「1階床伏図5」参照]と重なるときはどちらかを移動する。
④大引を支える床束を、1Pピッチで配置する。
　床束は、大引と各通り芯との交点に配置する。大引の位置はp.85の1階床伏図4を参照。

基礎に土台を緊結する
アンカーボルトを配置する。完了

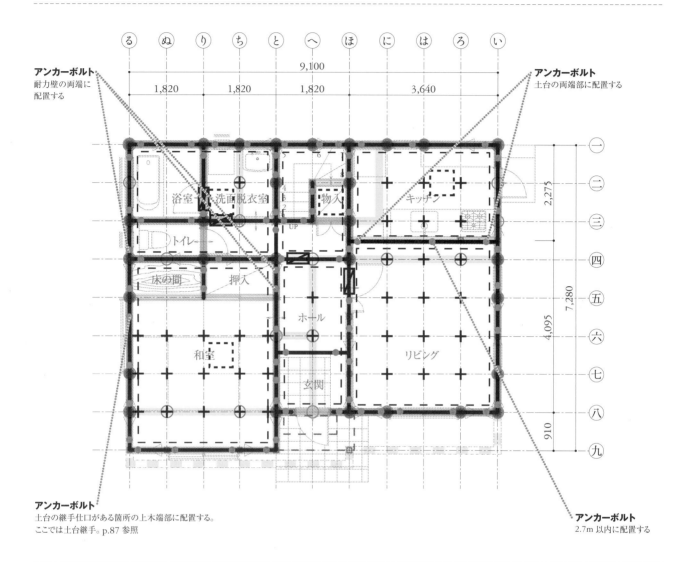

アンカーボルト
耐力壁の両端に
配置する

アンカーボルト
土台の両端部に配置する

アンカーボルト
土台の継手仕口がある箇所の上木端部に配置する。
ここでは土台継手。p.87 参照

アンカーボルト
2.7m 以内に配置する

「アンカーボルト」は、建物が風圧力や地震力を受けることによって基礎からはずれたり、持ち上げられたりしないよう土台と基礎を緊結する金物である。土台の端部や接合部以外に、耐力壁の端部、および 2.7m 以内の間隔でアンカーボルトを配置する。

①耐力壁の両端部の柱の下部に、それぞれ近接した位置にアンカーボルトを配置する。

　上図では、[**と四**]下と[**と五**]上などに配置する。

②土台の両端部、土台切れの箇所、継手および仕口の箇所の上木端部に配置する。

　土台とその継手位置は p.87 の 1 階床伏図 5 で決めているので、確認してほしい。上図では、土台の両端部にあたるのは[**いー**]下、[**い五**]上などである。

③上記①および②以外の部分においては、2.7m 以内に配置する。

　上図では、[**る四**]上、[**は又三**]右などに配置する。

④アンカーボルトは、柱芯または通り芯から 200mm 内外（鎌継手では、300mm 内外）離して配置する。

構造用合板を使用した剛床の床伏図の作図ポイント

構造用合板の納め方

近年、耐力壁と水平構面の仕様として、構造用合板を使用することが多くなってきている。外壁全面の下地に構造用合板を張り、耐力壁とし、床は根太なしとして、構造用合板24mm以上を梁に直張りする仕様が主流となっている。この構造用合板を使用した仕様の場合の2階床伏図と1階床伏図の例と、設計上の注意点などを解説する。

2階床伏図の注意点（図1）

2階床伏図において注意すべき点は、以下の通りである。
①外壁の耐力壁を構造用合板とするので、構造用合板の受材として［ろ一］と［ぬ一］の1階と2階に管柱を追加する。
②床に水平構面として構造用合板を張る場合は、構造用合板の受け材を縦横ともに910mmピッチになるように配置する。

合板耐力壁の注意点（図2）

柱の配置：合板の継手は2枚の合板双方を確実に釘打ちしなければならないので、見付幅45mm以上の受材を配置しなければならない。壁の長さ方向に継ぐ場合、一般部の間柱が30×105（又は30×120）だと、合板継手部の間柱と寸法が異なり、間柱の配置や間柱欠きの加工が煩雑になる。それを避けるため、合板を柱で継げるように外周の柱間隔を910mmにすると良い。

図1｜2階床伏図

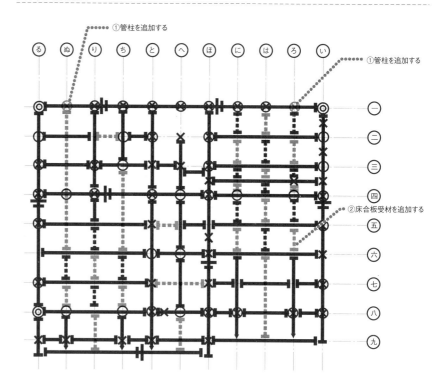

図2｜耐力壁の構造用合板の張り方（大壁仕様）

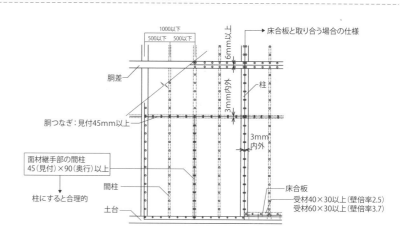

大スパン Case 1

要伏図検討 Case 2

L字形・雁行形 Case 3

吹抜け Case 4

セットバック Case 5

低直下率 Case 6

図3 | 水平構面（床）の構造用合板直張りの張り方

合板直張川の字釘打ち

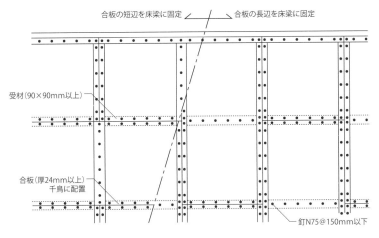

釘N75@150mm以下

合板（厚24mm以上）
千鳥に配置

床梁

合板直張四周釘打ち

合板の短辺を床梁に固定　合板の長辺を床梁に固定

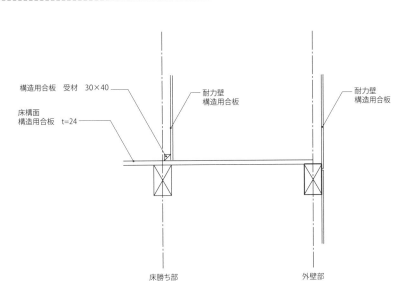

受材（90×90mm以上）

合板（厚24mm以上）
千鳥に配置

釘N75@150mm以下

図4 | 床構面と合板耐力壁の取合い

構造用合板　受材　30×40

床構面
構造用合板　t=24

耐力壁
構造用合板

耐力壁
構造用合板

床勝ち部

外壁部

床合板直張りの注意点（図3）

川の字釘打ち仕様と四周釘打ち仕様：厚床合板の釘打ち仕様は2種類あり、床倍率（水平構面せん断耐力）が異なる。川の字釘打ち（床倍率1.2倍）と四周釘打ち（床倍率3.0倍）である。川の字釘打ちは、合板の短手方向に3列（両端と中央）釘打ちする。四周釘打ちは、川の字釘打ちに追加して、長辺部にも釘打ちをする。つまり、日の字型に釘を打つ。そのため、四周釘打ち仕様では、縦横に@910で横架材が配置されていなければならない。合板のへりあきと受材の縁距離を考慮すると、受材は80㎜角以上必要である。木材の一般流通材寸法を考慮すると、90㎜角や105㎜角が適切である。

なお、床合板は千鳥に配置することを原則とする。

合板耐力壁との取り合い（図4）：バルコニー部や室内に合板耐力壁を配置する場合など、床合板と壁合板が当たるときは、床合板を優先させる。床合板を梁桁に張った上に30×40以上の受材（高倍率の耐力壁の場合は30×60）を打ち付け、壁合板はこの受材に止付ける。

2階外壁と下屋の取り合い（図5）： 外壁下地張り工事より屋根垂木掛け・野地板張り工事を先に行うことが多いが、2階の外壁に下屋が取り付く場合は、外壁下地の構造用合板が下屋の野地板に当ってしまい構造用合板を胴差に止付けることができない。そのため、下屋に当たる2階外壁部は構造用合板耐力壁とせず、合板は1階屋根より上部にのみ張ると良い。

もし、そのような個所にも合板耐力壁を設計する場合には、なるべく下屋の母屋を2階柱で受けるように架構設計すると良い。図の通り、小屋束を立てて母屋・棟木を受けると、壁合板を適切に張れないことが多いので、気を付けたい。

1階床伏図の注意点（図6）

　1階床伏図において注意すべき点は、以下の通りである。

①外壁の耐力壁を構造用合板とするので、構造用合板の受材として［ろ一］と［ぬ一］に1階管柱を追加する。

②床合板を張るための合板受材を、縦横共910mmピッチになるように配置する。

　1階の床は構造上主要な部分ではなく、床剛性はそれほど重要ではない。四周釘打ち仕様であっても、厳密に四周釘打ちできなくても良い。例えば、和室は畳床部の床合板を畳厚さ分下げるので、［五通り］や［九通り］は土台の上に合板を張ることができないが、必ずしも［五通り］（又は［九通り］）に添えて受材を配置しなくても良い。［と通り］と［る通り］も同様である。

図5｜2階外壁と下屋の取合い

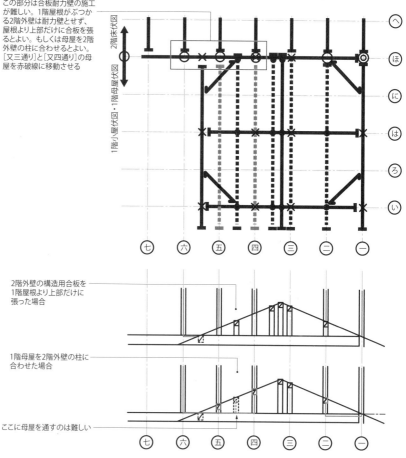

この部分は合板耐力壁の施工が難しい。1階屋根がぶつかる2階外壁は耐力壁とせず、屋根より上部だけに合板を張るとよい。もしくは母屋を2階外壁の柱に合わせるとよい。［又三通り］と［又四通り］の母屋を赤破線に移動させる

2階外壁の構造用合板を1階屋根より上部だけに張った場合

1階母屋を2階外壁の柱に合わせた場合

ここに母屋を通すのは難しい

図6｜1階床伏図

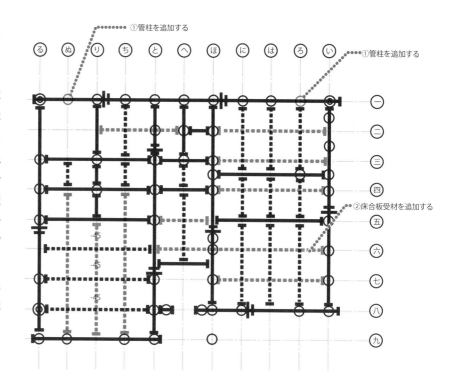

①管柱を追加する

①管柱を追加する

②床合板受材を追加する

2階床の不陸事例の分析から、設計の基本を学ぼう

大スパン 》》 **要伏図検討** 》》 **吹抜け** 》》 **セットバック** 》》
L字形・雁行形 》》 **低直下率**

2階床が不陸事故を起こした事例を分析する

最近、2階床の不陸(ふりく)により保険金支払いに至るという事故事例が増加している。第3章では、2階床に不陸が発生した事故事例を対象として、2階を1階にどのように乗せて設計するかが重要であるという観点にもとづき、壁・柱直下率と直下率チェック図を用いて事故事例の分析を行った調査結果を紹介する(調査:現代木割術研究会)。これは、直下率とチェック図による評価が有効であることの検証でもある。

不陸事故調査の概要

ある「住宅瑕疵保証機関」の保険制度を、昭和61年度(1986)～平成13年度(2001)に利用した登録戸数668,376件(以下「総登録戸数」と呼ぶ)のなかで、保険金が支払われた事例(以下「事故事例」と呼ぶ)は1,011件で、総登録戸数に対して0.15％であった。そのうち、構造的な問題で2階床に不陸が発生した事故事例139件(事故事例全体の13.7％)を調査対象としている[表1]。

調査では、事故事例に対して直下率チェック図を作成し、壁直下率・柱直下率の計算を行った。そこから事故事例139例に対して、総括的な分析を行っている。

次に、分類された事故原因別に、代表的な事故事例について、具体的に事故の内容、直下率チェック図による分析、事故を防ぐ効果的な伏図作成の考え方、設計意図を生かした効果的なプラン変更の内容などについても分析している。

本書では以下に総括的な分析を概説するとともに、p.106以降で6事例を取り上げ、さらに検討を加えた。

柱直下率と壁直下率には正の相関

事故事例139件に対して、柱直下率と壁直下率の関係をプロットしたものが図1である。柱直下率と壁直下率の間には、相関係数0.83と正の相関がみられる。すなわち、柱直下率が低い場合は壁直下率も低い傾向にあることが分かる。また、一次回帰[注]を行うと、Y=0.84X+2.39という式で表され、柱直下率の方がやや低くなる傾向がある。この傾向は、柱直下率の平均値48.3％と、壁直下率の平均値54.6％との差が6.3ポイントとなっていることでも確認できる。

事故事例と一般例における直下率の比較

壁直下率のヒストグラムを図2に、柱直下率のそれを図3に示している。図2と図3では、事故事例についてのデータ(塗りつぶし部分)と一般例のデータ(白抜き部分)を比較検討している。これはある住宅メーカーのデータで、建築技術1995年11月号

表1 | 調査対象

項目	物件数
総登録戸数	668,376件
総登録戸数のうち木造軸組構法	555,999件
総事故事例	1,011件
調査対象事故事例	139件

図1 | 直下率分布図

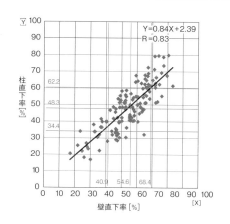

に発表されている。

壁直下率では、一般例の平均値66.6％に比べて事故事例の平均値54.6％と12.0ポイント低くなっている。また、柱直下率では、一般例の平均値63.2％に比べて事故事例の平均値48.3％と14.9ポイント低くなっている。一般事例に比べて、事故事例における直下率は低いといえる。

直下率別事故事例の割合

総登録戸数のうち、木造軸組構法555,999件に対する事故事例の割合を、柱直下率10％ごとにグラフ化したものを図4に示す。各直下率別の事故事例割合は、「図3柱直下率の一般例との比較」における一般例の比率をもとに算出した「各直下率での木造軸組構法の登録数」に対する、「各直下率での事故事例数」の割合として計算している。

図4では、柱直下率が高くなるにつれて事故事例の割合は小さくなる傾向を示していることが分かる。また、その減少傾向は、柱直下率50～60％を境にして小さくなっている。すなわち、柱の直下率を50％以上確保しておけば、床の不陸事故の起こる確率は低く抑えることができる。柱直下率を50％以上(壁直下率では60％以上)確保しようという根拠はここにある。

図2｜壁直下率の一般例との比較

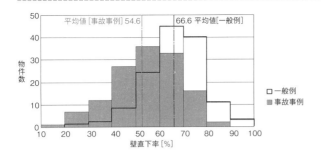

図3｜柱直下率の一般例との比較

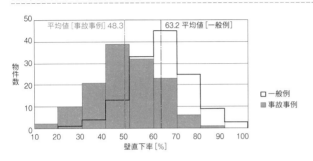

図4｜柱直下率別の事故事例割合

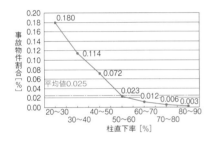

表2｜事故原因の分類と内容

分類	主な内容
低直下率	壁・柱直下率が低いことが原因と推定される
大スパン	大スパンの床梁に集中荷重がかかっている
バルコニー	跳ね出しバルコニーを支える2階床組に不具合がある
吹抜け	吹抜けが架構上の問題となっている
L字形・雁行形	1階LDKなどがL字形・雁行形の大空間となっている
大開口	2間[3,640mm]以上の開口上部に集中荷重がかかっている
セットバック	2階外壁のセットバックが構造的に問題をもっている
オーバーハング	2階外壁の一部がオーバーハングし、構造的に問題をもつ
要伏図検討	伏図段階の検討不足が問題の発生原因と推測される

図5｜原因別割合

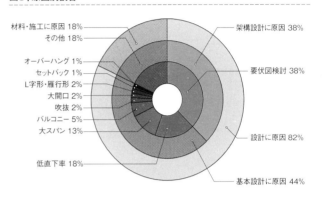

事故原因別の分析

各事故事例での事故内容は「2階寝室の床が中央付近で30mm下がっている」というように明確になっており、調査では、その事故内容と直下率チェック図を対応させながら事故原因を検討している。

直下率チェック図を検討すると、事故は直下率が部分的に低くなっている箇所で発生している。その事故内容とチェック図をさらに詳細に検討すると、事故発生の原因が容易に推測される。しかも、その原因と、直下率チェック図で指摘できる問題箇所およびその内容が、すべての事例において的中する。すなわち、直下率チェック図を作成すると、その設計例の問題箇所と問題の内容が推測されることになるが、事故事例ではすべてその推測どおりに事故が発生していることが確認された。直下率チェック図による危険箇所予測の、なんとも凄まじい的中率である。

ここで整理された事故原因の内容を**表2**のように分類している。低直下率はその言葉どおり直下率が低くて事故に至っていると推測される事例である。大スパン部分に問題がある事例、跳ね出しバルコニーを支える2階床組に問題がある事例、吹抜けが架構上の問題となっている事例、1階LDK

部分にL字形・雁行形に大空間をとっているために2階床組に無理が発生している事例、2間以上の大開口部分に問題がある事例、2階外壁がセットバックしている部分に問題がある事例、2階外壁がオーバーハングしている部分に問題がある事例などがその内容である。また、伏図作成に工夫が必要な設計例ではあるものの、実際の伏図を検討しないと事故原因が特定できないものを要伏図検討として分類している。

事故原因別の割合

事故原因が、低直下率・大スパン・バルコニー・吹抜け・L字形雁行形・大開口・セットバック・オーバーハングと特定できる事例に関しては、設計時に、その部分に配慮して設計すれば十分に事故が防げたであろうと推測できる。すなわち、それらの事故事例に関しては意匠設計に問題があると指摘できる。これら意匠設計に問題があると推測できる事故事例は、事故事例全体のなんと44％も存在している[**図5**]。また、伏図を検討しないと事故原因が特定できず、架構設計（伏図）に問題があると考えられるものが、38％みられる。意匠設計にて約4割、架構設計にて約4割、合計約8割もの事故事例において、事故に至る原因が主に設計にあったと指摘できる。

ちなみに、伏図作成が簡単で設計上の問題はみあたらず、材料・施工に不具合があると特定できる事故事例は18％となっている。

注｜2つのデータの関係を平均的直線で表す方法。相関係数Rが1のとき、データがすべて直線上に乗る

不陸事例 1

大スパン

最初の不陸事例は、1階に短辺が2間半の大きな部屋(LDK)を設けた住宅において、2階床に不陸が発生した例である。

まず、平面図[図1・2]を見てほしい。2階は3つの部屋で構成されている。1階は北側に水廻りと階段、南東に8畳の洋室、南西には17畳余の広さのLDKが配置されている。このLDKはオープンキッチンを備え、開放的で大きな空間になっている。X方向・Y方向とも最短でも5P(910mm×5 = 2間半)の梁が必要な空間である。

木造住宅の場合、通常の柱間隔は2間が経済的とされている。2間半スパンでも、単純な床梁や小屋梁であれば極端に大きな断面が必要になることはない。しかし、この事例のように、1階に広い空間を設け、2階の間仕切や柱の荷重が2間半の梁に支持される場合は問題が生じやすい。

不陸事故の内容

このLDKの上部に位置する2階の2つの洋室中央付近で、床が15.2/1,000もの傾斜が生じたと報告されている。この値では、建具の開閉ができなくなる、ボールが自然に転がるといったことが起きる。かなり不安を覚えるほどの値である。

ちなみに、品確法の施行に伴って制定された「住宅紛争処理の参考となるべき技術的基準」(平成12年建設省告示1653号)の床傾斜の基準では、床の傾斜が6/1,000を超えた場合は「構造耐力上主要な部分に瑕疵が存する可能性が高い」と判定される。この傾斜は3m離れた2点間の傾斜で測定することになっている。

注意したいのは、それぞれの梁のた

図1|大スパン 2階平面図

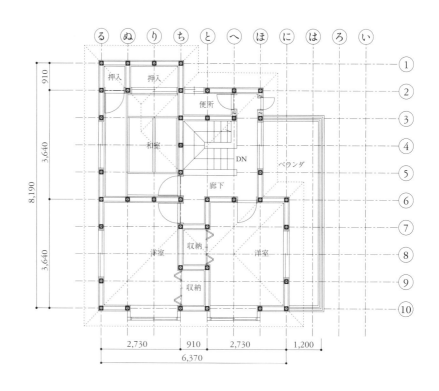

図2|大スパン 1階平面図

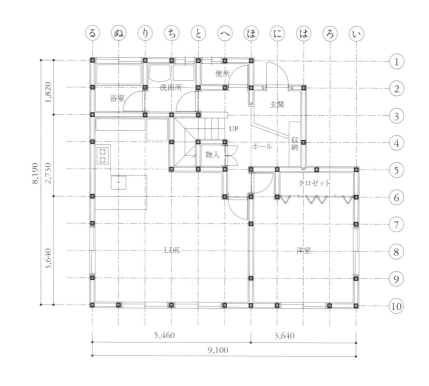

大スパン Case 1

要伏図検討 Case 2

L字形・雁行形 Case 3

吹抜け Case 4

セットバック Case 5

低直下率 Case 6

図3｜大スパン　2階直下率チェック図

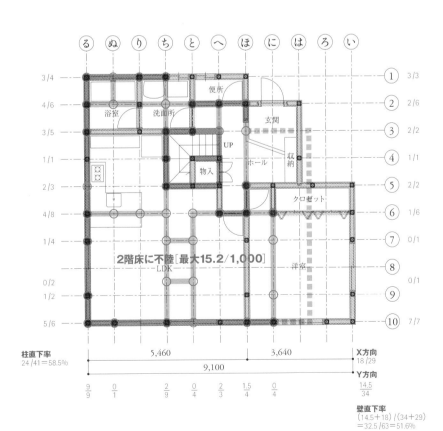

図4｜大スパン　1階直下率チェック図

わみは基準に収まっていても、その梁が2次梁、3次梁と連鎖していると変位が複合して大きくなることである［p.75 参照］。

次に、この平面図をもとに、壁・柱の直下率を確認し、さらに詳しく問題点を見ていこう。

壁・柱直下率チェック図で問題点を知る

この大スパンのプランについて、各階の壁・柱の直下率チェック図（以下、チェック図と記す）を作成してみる。

図3は「2階チェック図」である。○印の柱は、1階の柱位置と一致している2階柱である。全体的には1階と2階の柱は比較的よく一致している。しかし、和室6畳と洋室の間仕切、2つの洋室の間の収納部に一致している柱がないことが分かる。

図4は「1階チェック図」で、2階の間仕切壁の位置は赤、1階の間仕切壁はグレーで示され、色が重なった部分は上下階の間仕切が同位置になっている。赤の点線はバルコニーの位置を示している。また、赤○は2階柱の位置を示し、赤○内を塗りつぶした柱は1・2階で一致する柱である。記入されているのが赤○だけなら、1階のその位置には柱が立てられていない。

この建物の壁直下率は約51％、柱直下率は約59％となっている。柱直下率の値は推奨値の50％を上回っており、決して悪い値ではない。

しかし、部分的にはLDKの5P・5Pの空間の中に不一致の赤い2階間仕切線と赤○で示された2階柱が8本もあることがわかる。まさに、この部分が床傾斜を起こした部分と一致する。

このように、大スパンに分類されている不陸事例は、直下率が高い建物でも1階に4Pを超えるスパンがあり、その上に2階柱が載っている点に特徴がある。この事例の2階平面図はほぼ整形であり、チェック図を参照しないで2階小屋伏図を作成すると、［ち6］を田の字の中心交点とする架構になりやすい。この中心の2階柱下に1階柱がなく、梁で荷重を負担し切れなかったことが不陸の原因と推定できる。

次にこのプランで、どのようにすれば不陸事故を避けることができるか、チェック図を参照しながらブロック図と伏図を作成して検討を加えてみる。

構造ブロックの設定

安全な架構を検討していくためにこの事例の構造ブロックを考えてみよう。

まず、2階の構造ブロック図を作成することから始める[図5]。原則として1・2階が一致する柱を四隅とする四角形を構造ブロックとする。そこで、AからEまでのブロックをつくることができる。Eブロックの北西角[ち2]は一致柱ではないが、2階柱があるのでブロックとする。

また、Bブロックは Y 方向が 7P となっているので、5P 以内となるように分割する。図の(1)(2)が分割の候補点である。このうち1階に柱を追補可能な(1)で B1 と B2 に分割し、A と B1 を併せて1ブロックと設定することにする。

次に1階の構造ブロック図を作成する[図6]。A から F までの 6 つのブロックを設定する。F ブロックは[は5]に1階柱を追補すれば、四隅に柱のあるブロックとなる。B ブロックは 2 階同様に Y 方向が 7P なので分割する。(1)または(2)が候補点となるが、まず 2 階に合わせて(1)で分割する。

チェック図と構造ブロック図が揃ったので伏図の検討に進むことにする。

伏図案をつくってみる

この事例では、2階床に傾斜を生じた部分の 5P の 2 階床梁にかかる小屋荷重をいかに軽減できるかを検討することが伏図作成のポイントとなる。

そこで考えられるのは、2階収納部の 3 本の柱[ち6][ち7][ち又8]から2階床梁にかかる荷重を軽減するため、この 3 本を非構造柱と設定することである。つまり、床梁が構造的に 2 階柱を受けない架構である。

このとき、2階小屋組では、小屋梁[ち5–ち10]のスパンを 5P として断面寸法を設定する。さらに、この小屋梁[ち5–ち10]が 2 次梁とならないようにするため、小屋梁[と5–と10]もともに[5通り]へ荷

図5│大スパン　2階構造ブロックの検討

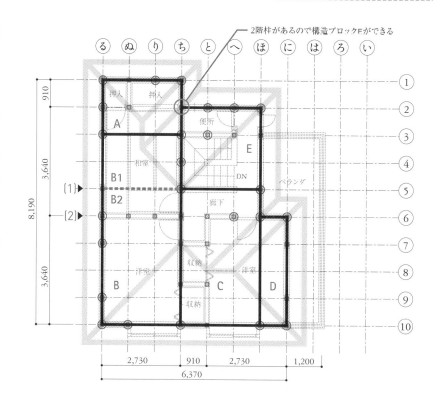

・1・2階で一致する柱を四隅として構造ブロック ABCD を設定する
・E ブロックは[ち2]に 2 階柱があるので構造ブロックとする
・B ブロックの長辺が 7P なので、5P 以内に分割が必要。(1)(2)は B ブロックの分割候補点
・[る5]に 1 階柱を追補可能なので、(1)で B1、B2 ブロックに分け、A + B1 で一つのブロックに再編成。B ブロックは B2 ブロックとする

図6│大スパン　1階構造ブロックの検討

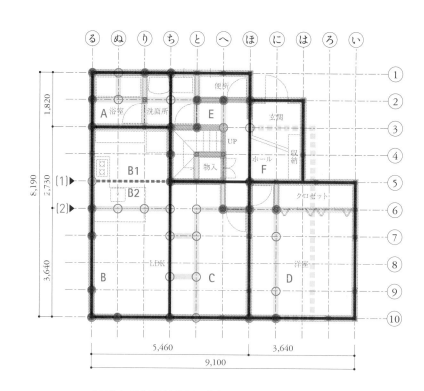

・1・2階で一致する柱を四隅として構造ブロック ABCDEF を設定する
・F ブロックは[は5]に柱の追補を前提に構造ブロックとする
・B ブロックの長辺が 7P なので、5P 以内に分割が必要。(1)(2)は B ブロックの分割候補点
・[る5]に 1 階柱を追補可能。2 階に合わせて、(1)で B1、B2 ブロックに分け、A + B1 で一つのブロックに再編成。B ブロックは B2 ブロックとする
・(2)を選択する場合は[ち6]に柱を追加して改善プランとする[p.110 図12 参照]

大スパン Case 1
要伏図検討 Case 2
L字形・雁行形 Case 3
吹抜け Case 4
セットバック Case 5
低直下率 Case 6

図7|大スパン 2階小屋伏図案[部分]

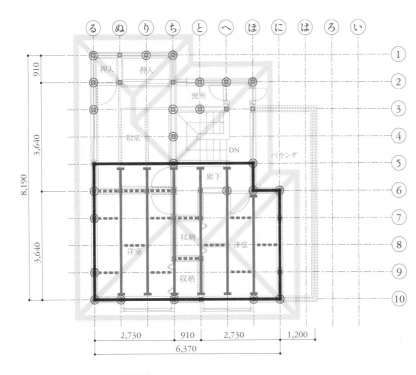

```
- - - - 振れ止め
外周部の梁桁の端部表記は省略している
```

図8|大スパン 2階床伏図案[部分]

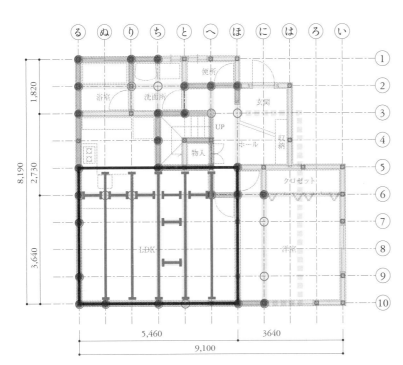

```
外周部の梁桁の端部表記は省略している
```

重を伝達する架構を検討する。図7はそのような小屋伏図案である。

この場合の2階床伏図案を図8に示す。2階床梁[ち5–ち10]に荷重が集中しないように[と通り][り通り][ぬ通り]も縦方向に梁を架ける。

この例に限らず一般的に縦横どちらの方向に架けても2次梁が発生する場合は、2次梁のスパンが短くなるように1次梁の方向を決める。

また、[ち5–ち10][と5–と10]の2階床梁の断面寸法は小屋の架構によって異なってくる。2階柱(小屋荷重)を受ける場合は大きな断面が必要だが[図9]、図7、図8の伏図案のようにすれば断面は小さくてもよい[図10]。

このように、大スパンの場合は床梁は床荷重だけの負担でよいように、小屋荷重の流れまで考えないと不陸につながるリスクが大きい。

図9|[ち通り:5–10]の2階柱を2階床梁で受ける

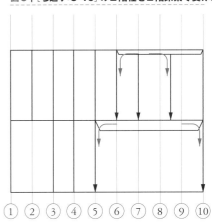

5Pの梁の場合、ほかの床梁を受けていなくても、2階柱の荷重(小屋荷重など)も負担すると、断面寸法は相当に大きくなってしまう

図10|[ち通り:5–10]の2階柱を非構造柱とする

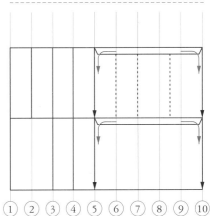

小屋梁のスパンを5Pとし、断面が大きくなっても、床梁の負荷を小さくするほうが望ましい

改善案の検討

　ここで、1 階ブロック図に戻って、再度検討すると[ち6]に柱を追加できれば、1 階 2 階とも[6通り]で構造ブロックを構成することができる[図11・12]。このブロック図に基づいて伏図を作成すると図13 の小屋伏図と、図14 の 2 階床伏図とすることができる。図13・14 に対応する軸組図を図15 に示す。この場合でも、2 階の柱[ち7][ち又8][と7][と又8]を非構造的に扱えば、床梁の負荷を軽減できる[図16 参照]。

　2 階の平面から、[ち6]は構造的に要となる位置であり、古民家であれば大黒柱のある位置に相当する。

　[ち6]に柱を設けても、設計者が意図した開放的な LDK の大きな妨げにはならないと思われる。この家の象徴として、ここに柱を設けることが、最善の対策であるように考えられる。

　また、チェック図を細かく検討すれば、さらに改善点が発見できる。

　2 階和室北側の押入を左右入れ替えて、西側が間口 6 尺、東側が間口 3 尺とすれば、柱の直下率はさらに高まる[図12]。また、跳ね出し領域の端部に柱がない点も発見しやすい。この事例の場合、[は4]の位置にあった柱を[は3]に移せば、枕梁が不要となる。こうした部分の改善も施工性や雨仕舞の良否に貢献することができる。

　この不陸事例から学ぶ伏図作成のポイントは、1 階の 4P を超える梁は床荷重だけの負担でよいように、小屋荷重の流れまで考えて設計するということである。

　また、架構設計のポイントは伏図による工夫より、基本設計による改善が勝るということである。

図11 | 大スパン　改善プランの 2 階構造ブロック

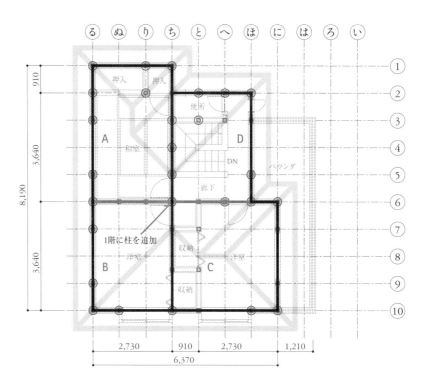

1 階で[ち6]に柱を追加すると、1・2 階の一致柱となり、構造ブロック ABCD が構成できる

図12 | 大スパン　改善プランの 1 階構造ブロック

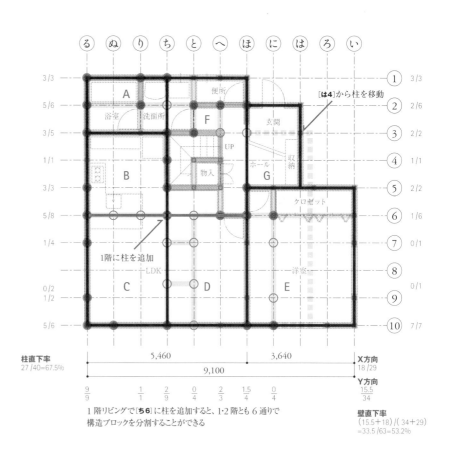

1 階リビングで[ち6]に柱を追加すると、1・2 階とも 6 通りで構造ブロックを分割することができる

大スパン

Case 1

Case 2 要伏図検討

Case 3 L字形・雁行形

Case 4 吹抜け

Case 5 セットバック

Case 6 低直下率

図13│大スパン　改善プランの2階小屋伏図

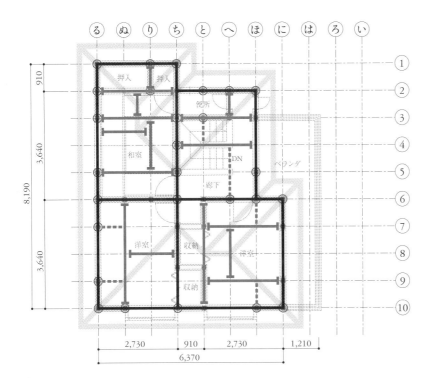

図14│大スパン　改善プランの2階床伏図

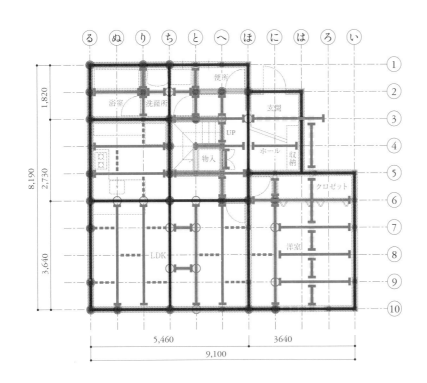

▬▬▬▬　振れ止め
構造ブロックの線上に配置する梁桁の端部表記は省略している

図15│大スパン改善プランの軸組図

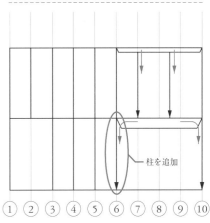

[ち6] に柱を追加し、床梁のスパンが5Pから4Pになれ
ば、問題は解決しやすい。2階床梁は小屋荷重と2階
床荷重を受けるので断面寸法が大きめになる

**図16│改善プランで［ち通り：6-10］の2階柱を
非構造柱とする場合**

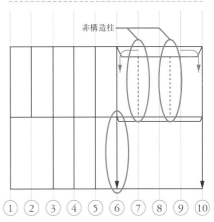

図15の場合も、2階床梁への2階柱の負荷を軽減する
ことが望ましい。2階床梁は小屋荷重を受けず、2階床
荷重のみを受けるので、断面寸法を小さくできる

Case 2
不陸事例 2

要伏図検討

平面図を概観してみよう[図1・2]。

1階は南東部にある玄関から入ると左手に洋室があり、左手前方にはL字形をした18畳の大きなLDKがある。このLDKは広さがあるが、最大スパンは3,640mmに納まっている。2階への階段はこのLDKから上るようになっている。玄関右手にはトイレ、洗面所、浴室が設けられている。

2階は西側に屋根付きのバルコニーが設けられているのが大きな特徴である。南側に広い寝室があり、10畳の広さに加え2畳の書斎コーナーを付設している。北側には6畳の和室が2室ある。その和室には幅9尺の押入がそれぞれ付属している。階段の右手にはトイレと納戸、ウォークインクロゼットが設けられている。

チェック図で見る不陸の原因

チェック図[図3・4]を見てみよう。概観してL字形のLDKの部分に赤い線と赤○が多数残り、この部分が注意を要する部分であることが分かる。それ以外の間仕切はよく一致しているし、特に外壁は全周一致している。柱もよく一致しているが、東側の外壁[い通り]には6Pの長さで一致した柱がない部分が見られる。

壁直下率は60%を超え、また柱直下率も50%を超え、よい値を示している。しかし実際には2階和室と廊下の床が下がり、建具の開閉が困難になるという事故に至った事例である。直下率が高いことから、この事例は基本設計には問題が少なく、架構設計に問題があったと考えられる。伏図での検討を入念に行っていれば、不陸にまで至らなかったと思われるケースであり、不陸事例の分析では要伏図検討と呼んでいる。

図1|要伏図検討 2階平面図

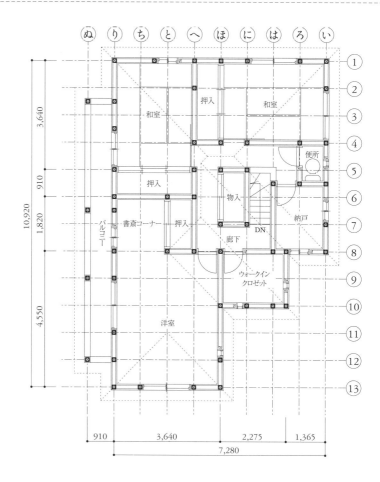

図2|要伏図検討 1階平面図

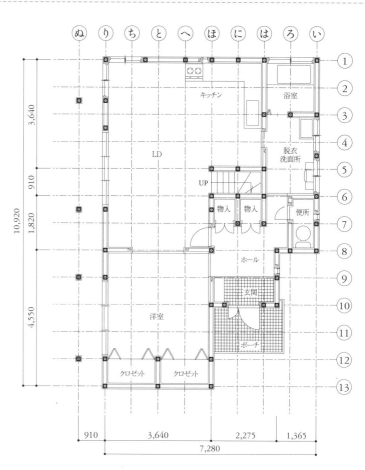

Case 1 大スパン

Case 2 要伏図検討

Case 3 L字形・雁行形

Case 4 吹抜け

Case 5 セットバック

Case 6 低直下率

図3│要伏図検討　2階直下率チェック図

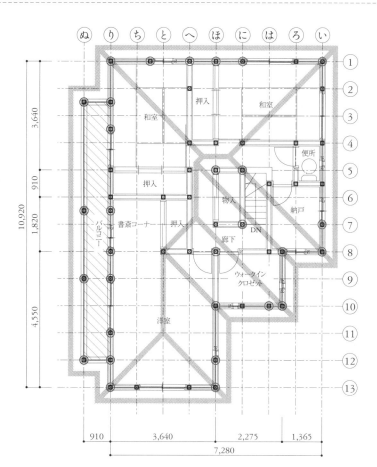

図5│推定される継手位置

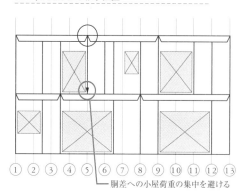

胴差への小屋荷重の集中を避ける

4m 材による軒桁の継手位置を推定したもの。[り5]の位置で2階床組の胴差に小屋荷重が集中する

図4│要伏図検討　1階直下率チェック図

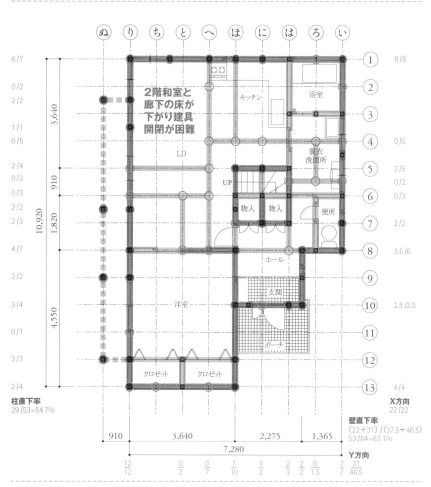

2階和室と
廊下の床が
下がり建具
開閉が困難

柱直下率
29/53＝54.7%

壁直下率
(22＋31)/(37.5＋46.5)
53/84＝63.1%

一般的に和室の押入は和室の付属室と考えられるので、2つの和室はそれぞれ7.5畳の空間から構成されている。この空間に合わせて小屋伏図を作成すると、[へ4]に小屋荷重の集中する架構となりがちである。また、西側の軒桁に注目すると、[り5]は4mの定尺材を使って継手を設ける位置になりやすいが、図5の軸組図のように、この位置の1階は幅9尺の開口部の中央位置となるので、小屋荷重が胴差に集中し、注意が必要である。

次に構造ブロックを作成し、検討を加えてみることにする。

構造ブロックの検討と伏図案

手順に従ってブロック図を作成してみよう[図6・7]。

2階、1階とも ABCD の各ブロックは四隅に柱のある構造ブロックとなる。しかし、AB の長辺が7Pとなるため、さらに5P以下に分割が必要になる。チェック図を見ると[1通り]から[8通り]の間でX方向に上下階の間仕切が一致しているのは[5通り]だけなので、ここで分割することにする。2階は[り5]に柱があるが、1階は柱がないため、この部分に注意が必要である。また[い5]も1・2階とも柱がなく、注意を要する。

このブロック図により、架構を設計したものが図8・9の伏図案である。

2階床伏図[図9]はX方向に床梁を架けることになるため、L字となる部分の[ほ1−ほ5]に荷重が集中する。この部分に2階小屋荷重が重複して加わらないように、この位置の小屋梁の断面寸法は大きくして、途中に負荷が発生しないように考える。また、[り又3−り又6]も床荷重が大きくなる。同位置の小屋荷重の負荷を軽減するため、軒桁の断面を大きくしている。継手位置を変更して[り又3]としているため、同位置に直交する材を設けている。こうした配慮をすれば、不陸は防げたのではないかと考えられる[図10]。

さらに好ましい改善案

しかし、1階、2階の窓の位置を検討して[り5]に柱を設けるように基本設計を修正することがこの事例でも最も好ましい改善である。その場合は、図11の軸組図のようになり、荷重の流れもよく、材の無駄もない。西立面図を見ても上下階の窓位置が一致することになり、デザイン的にもよい解決策であることが分かる。

また、東側の[い5]の位置も構造ブロックを検討すると要の位置であることが分かるので、1階、2階とも柱を設けることが好ましい。1階は採光の高窓2窓を3窓にすればよく、2階は窓脇に柱を設ければよい。

図6｜要伏図検討　2階構造ブロックの検討

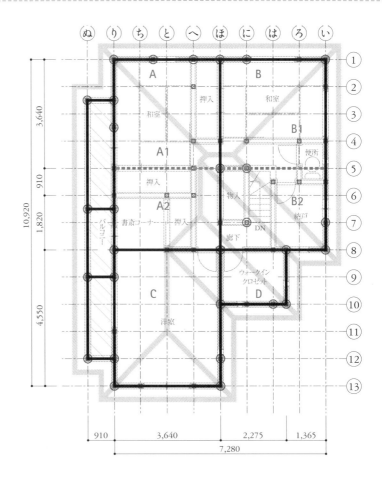

図7｜要伏図検討　1階構造ブロックの検討

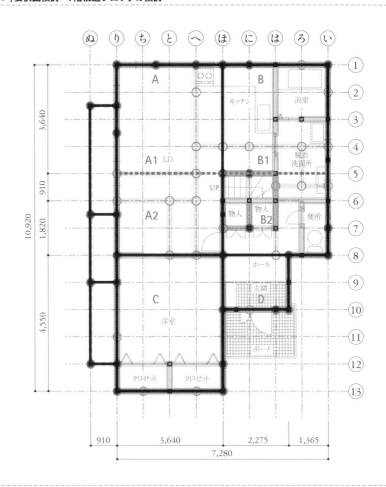

大スパン Case 1

要伏図検討 Case 2

L字形・雁行形 Case 3

吹抜け Case 4

セットバック Case 5

低直下率 Case 6

図8｜要伏図検討　2階小屋伏図案

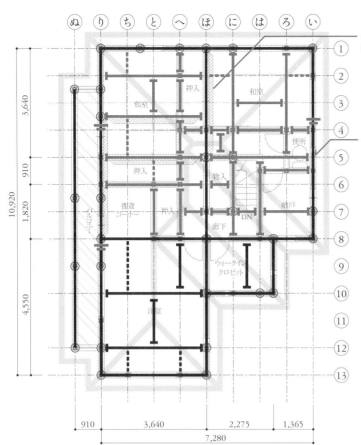

4本の梁桁［ほ通り：1−5］［り通り：又
3−8］［又3通り：ほ−り］［5通り：ほ−り］
を2階梁桁に対応させる

1階、2階とも［い5］に柱を設けたい

図10｜継手位置の変更により荷重集中を避ける

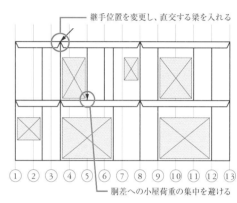

継手位置を変更し、直交する梁を入れる

胴差への小屋荷重の集中を避ける

軒桁の継手位置を変更して、胴差の［り5］への小屋荷重集中を
回避する

図9｜要伏図検討　2階床伏図案

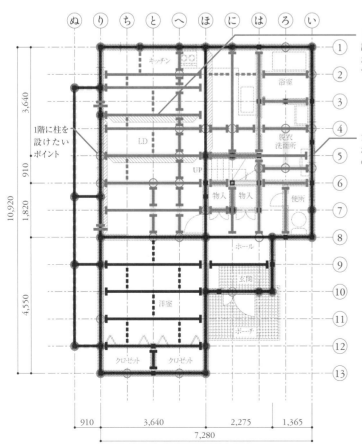

り通りの胴差の継手を［又3］に
設けるために、補強の役割を果
たす床梁［又3通り：ほ−り］を入れ
ている

1階に柱を
設けたい
ポイント

1階、2階とも［い又4］に柱を設け
たい。さらに2階床組では胴差
の継手を［い又4］に設けたい

図11｜開口部の位置変更による改善策

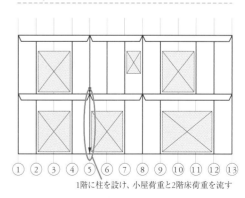

1階に柱を設け、小屋荷重と2階床荷重を流す

1 階と 2 階の開口部位置を変更して、1階［り5］に柱を設けるの
が最もよい改善策である

不陸事例 3

L字形・雁行形

この事例は1階南西部分に8畳の大きさの洋室があり、東側は14畳のLDKとなっている[図1・2]。この2室の間仕切りが4Pの引き違いで、全部が開口部のため、空間的にはL字形の大きな空間となっている。この部分の2階を見ると、南東部分が欠けたかたちになっている。北側の洋室と南側の洋室の境が収納になっているが、この付近の床が、7/1,000の勾配まで傾斜する事故になった。

チェック図で問題点を見る

一般的なL字型プランの注意点は、L字交点部分の空間の梁をどちらの方向に架けるかで、荷重の集中する位置が異なることである。

この事例の場合、L字交点部分は[**6–10通り**]と[**い–ほ通り**]で囲まれた8畳の空間である。ここに横方向の梁を架ける場合は[**ほ6**]から[**ほ10**]に床荷重が集中する。縦方向ならば床荷重は[**い6–ほ6**]にかかることになる。チェック図[**図1・2**]から、[**い6–ほ6**]には2階の小屋荷重がかかっていることが分かるので、床梁を横方向に架けて荷重を分散することが好ましい。しかし、南側に向かって跳ね出しバルコニーが設けられているため、床梁は縦方向に限定される。このため[**い6–ほ6**]に小屋荷重・床荷重・外壁荷重が集中したことで床の不陸事故につながったと推定される。

不陸は**図3**に示すような小屋伏図で発生した可能性が高い。チェック図を使わずに伏図をつくると、このように[**7通り**]の柱に小屋梁を架ける設計になりやすい。チェック図を見ながら伏図をつくれば、図4のように[**ろ7**][**又は7**][**ほ7**][**へ7**]に小屋梁の端部を乗せ掛けないように考えることができる。さらに、[**ろ**

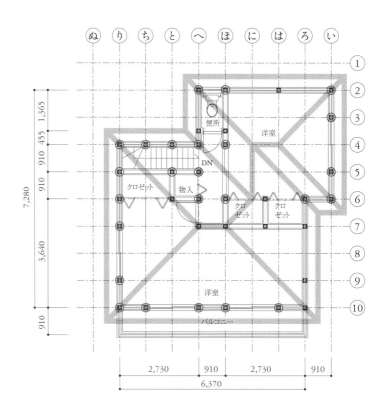

図1｜L字形・雁行形　2階直下率チェック図

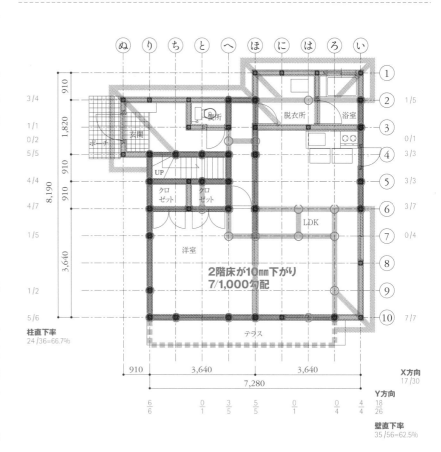

図2｜L字形・雁行形　1階直下率チェック図

2階床が10mm下がり
7/1,000勾配

柱直下率
24/36=66.7%

X方向
17/30

Y方向
18/26

壁直下率
35/56=62.5%

図3｜L字形・雁行形　2階小屋伏図の一例［直下率チェック図なしの設計］

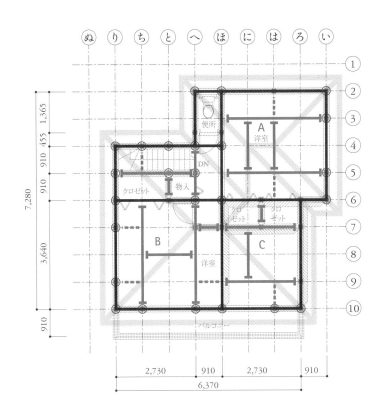

チェック図なしに2階小屋伏図を作成すると、［**7通り**］の柱に小屋梁を架ける設計になりやすい。1階の状況を考慮するとき、円内の2階柱の下には1階柱がないため、小屋荷重の負担が大きい

図4｜L字形・雁行形　2階小屋伏図案［2階直下率チェック図、構造ブロックにより検討］

構造ブロックごとに荷重の流れを考える。Aブロックは［**6通り**］へ荷重を流さないようにX方向に大梁を架ける。Bブロックは［**ほ通り**］へ荷重を流さないようにY方向に大梁を架ける。Cブロックは1階と2階の柱が一致している［**い6**］［**ほ6**］［**ろ10**］［**ほ10**］へ荷重を伝達できるように、［**い6–ほ6**］［**ろ6–ろ10**］の断面寸法を設定する

6］［**又は6**］を非構造柱として［**い6–ほ6**］の小屋梁の断面を大きくして、小屋荷重の影響を軽減する方法を検討できる。

改善案を考える

　基本設計の改善案を考えると、外壁の入隅となる［**ろ6**］に1階の柱を設ければ、荷重処理はおおむね解決できることがチェック図で分かる。この柱がDKの空間を分断するのを許容できない場合は次善の策としては［**ほ7**］と［**い7**］に柱を設ける案が考えられる。DKと洋室の間の開口部を2間から9尺へ小さくし、また、東側の開口部を南側へ3尺移動することになる。床荷重は［**7通り**］で処理し、小屋荷重は［**6通り**］で処理することにより、荷重を分散する方法である。この場合でも、小屋梁は［**い6–ほ6**］と［**ろ6–ろ10**］を十分な断面として、1・2階の柱が一致している［**い6**］［**ほ6**］［**ろ10**］へ小屋荷重を伝達することが必要である。

　しかし、もっとよい基本設計の改善は1階と2階の構造的な空間配置をまったく同じにすることである。1階南西の洋室8畳の上部を8畳の空間とし、DKの上部の空間を同じ14畳の構造的な空間として設計する。こうすれば柱の直下率は100%とすることが可能になる。この空間を、簡易間仕切「非構造間仕切」によって家族の変化に対応して改変していくという方法である。木造住宅においてもこのような構造躯体と内部造作を別に考える方法「スケルトン・インフィル」を採用することで、構造的な安定と変化への対応の両方にメリットが生じる。伏図で無理をするのではなく、基本設計において、上下階の間仕切と柱を一致させることが最もよい解決策である。

不陸事例 **4**

吹抜け

この事例では、吹抜けの周囲の柱・梁・床でボルト類が大幅にゆるんだと報告されている。

2階、1階チェック図を図1・2に示す。図2で計算された直下率を見ると、壁の直下率は約50%、柱の直下率は約43%で推奨値を下回っているが、極端に低い値ではない。また、上下階の柱が一致する○印の位置にもあまり偏りはない。

しかし、この事例には大きな問題点が2つある。

2階チェック図で見るプランの問題点

問題点を2階チェック図に整理したものを図3に、また断面図に整理したものを図4に示す。

第1の問題点は2階の中央部に設けられた大きな吹抜けである。この吹抜けは階段と一体になっているため、2階の東部分と西部分をつなぐ床構面の幅が1Pしか存在しない[図3]。水平力を受けると、この部分が損傷を受けるおそれが大きい。東部分と西部分のそれぞれで、面積に応じた耐力壁量を確保し、さらに各部分で偏心がないようにするなどの配慮が不可欠である。

第2の問題点は3カ所の跳ね出しである[図3・4]。2階西側の洋室の入口部分が吹抜け空間への内部跳ね出しになっている。また、東側の洋室は6畳の広さだが、2畳分の広さが西向きに跳ね出しとなっており、1畳分が南向きに玄関ポーチ上に跳ね出しとなっている。

特に2階の[に4]の柱に2階の小屋梁を架けると持出し梁で床荷重と小屋荷重の両方を負担することになる。バルコニーの跳ね出しと異なり、非常に大きな荷重負担となる。また、東側洋室を吹抜け内部に跳ね出すために、1階[は通

図1｜吹抜け　2階直下率チェック図

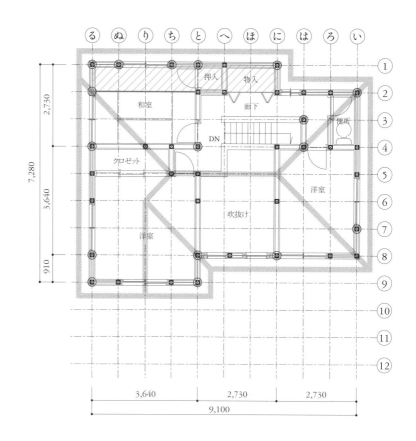

図2｜吹抜け　1階直下率チェック図

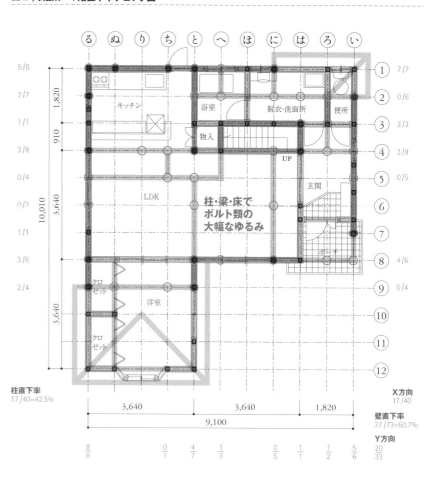

柱直下率
17/40=42.5%

X方向
17/40

壁直下率
37/73=50.7%

Y方向
20/33

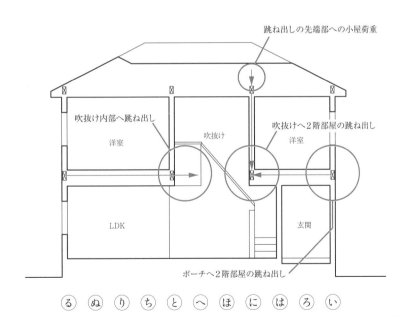

図3｜この事例の問題点

る ぬ り ち と へ ほ に は ろ い

① 階段と吹抜けが一体となっており、2階の東部分と西部分をつなぐ床構面の幅が1Pしかない。そのため、水平力を受けると損傷するおそれがある

② ③ ④ ⑤ ⑥ ⑦ ⑧ ⑨ ⑩ ⑪ ⑫

押入　物入

和室　廊下

便所

DN

クロゼット

洋室

吹抜け

床の跳ね出し

洋室

2階洋室の床が、西側2畳分は吹抜けへ、南側1畳分は玄関ポーチ上に跳ね出している

2階の[に4]の柱の下には1階柱はない。そのため、ここに2階の小屋梁を架けると、持出し梁で床荷重と小屋荷重の両方を負担することになる。これは大きな負担になる

2階洋室の入口部分の床が吹抜け空間の内部へ跳ね出している

2,730　7,280　3,640　910

3,640　2,730　2,730　9,100

図4｜断面図

跳ね出しの先端部への小屋荷重

吹抜け内部へ跳ね出し

吹抜け

吹抜けへ2階部屋の跳ね出し

洋室　　吹抜け　　洋室

LDK　　玄関

ポーチへ2階部屋の跳ね出し

る ぬ り ち と へ ほ に は ろ い

り]や[い通り]の柱の配置などに配慮した形跡が見られない。

基本計画に戻って検討が必要

　この事例は伏図の工夫だけでは問題を回避することは困難で、次のような基本計画での対策が必要であったと考えられる。

　吹抜けが大きいことに対する対策としては、吹抜けの南側に幅1P程度の水平構面を設ける必要があるだろう。吹抜け内部に設けるか、外部にバルコニー形式の水平構面を設ける方法もあり得る。

　跳ね出しに関しては1階[に4]に柱を設けることをまず検討するべきである。階段の回り部分の親柱として構造的な化粧柱とすればよい。次善の策として[は4−と4]に梁を設ける方法もあり得るが、[に4]に柱を設ける方法にはおよばない。

大スパン Case 1
要伏図検討 Case 2
L字形・雁行形 Case 3
吹抜け Case 4
セットバック Case 5
低直下率 Case 6

セットバック

この事例は1階東側に玄関、階段室、トイレ、洗面所を、2階東側は吹抜け、階段室、物入を設けている。居室は2階西側に、和室2室を南北に配置し、1階は洋室とLDを東西に配置している。LDの北側にはキッチンがある。1階と2階のX方向の幅が異なり、2階の西側外壁が1階西側外壁から2Pセットバックしている。事故はこのセットバックした2階の外壁[**と通り**]部分が大きく下がったと報告されている。

チェック図で見る問題点

図1・2はこの事例の2階・1階チェック図である。壁直下率は約53%、柱直下率は約44%となっている。

1階チェック図[**図2**]を見ると、[**と通り**]に2階西側外壁の赤い線と、その壁上の赤い○印が並んでいる。上下階が一致している間仕切と柱は東側に偏在している。

2階チェック図[**図1**]を見ると、上下階で一致している柱が東側に偏在しているのが顕著に見て取れる。また、2階の南北に並んだ2室の間に設けられた収納はグリッドからずれており、間仕切線も柱も1・2階で一致していないことが分かる。

図3は、1階チェック図にこうした点を含む問題点を整理したものである。この事例でセットバックした外壁を、Y方向9Pではスパンが長く受けられない。そこで、2階の柱ごとにX方向の梁で受けることになるのだが、[**と又6**]の柱を受けるために[**へ又6−り又6**]に梁を入れても、その両端とも1階柱がない[**図3e**]。それ以外にも、南側は跳ね出しバルコニーの西側端部の下に1階の柱がないことや、2階南側和室入口部が吹抜け内部へ東向きに跳ね出しになってい

図1｜セットバック　2階直下率チェック図

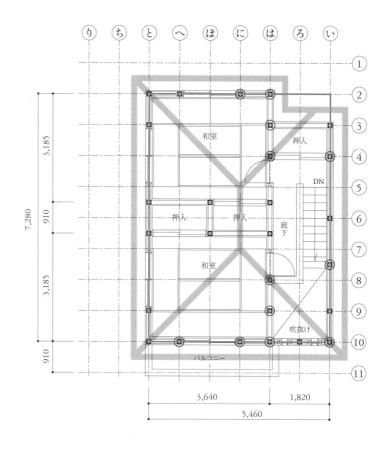

図2｜セットバック　1階直下率チェック図

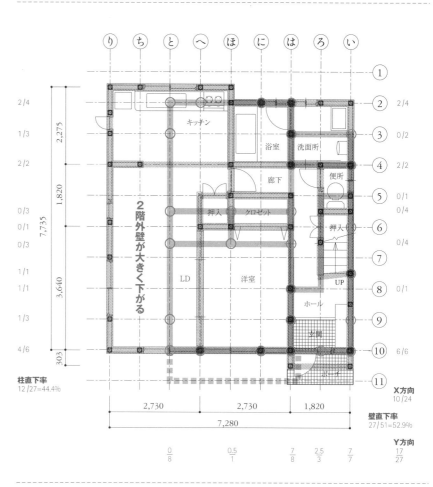

大スパン　Case 1

要伏図検討　Case 2

L字形・雁行形　Case 3

吹抜け　Case 4

セットバック　Case 5

低直下率　Case 6

図3｜セットバック　2階床組におけるおもな問題点

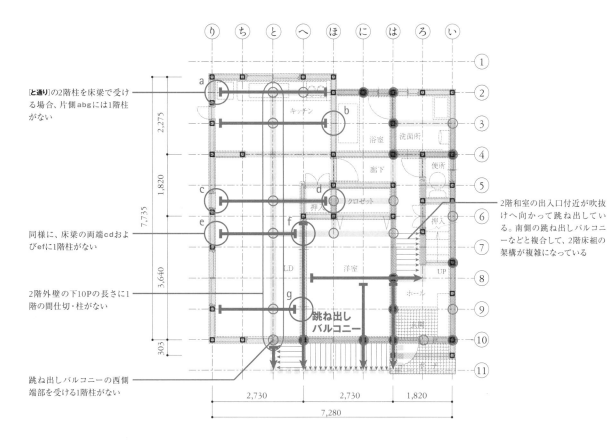

[と通り]の2階柱を床梁で受ける場合、片側abgには1階柱がない

同様に、床梁の両端cdおよびefに1階柱がない

2階外壁の下10Pの長さに1階の間仕切・柱がない

跳ね出しバルコニーの西側端部を受ける1階柱がない

2階和室の出入口付近が吹抜けへ向かって跳ね出している。南側の跳ね出しバルコニーなどと複合して、2階床組の架構が複雑になっている

図4｜セットバック　柱表示立面図で見る架構設計のポイント

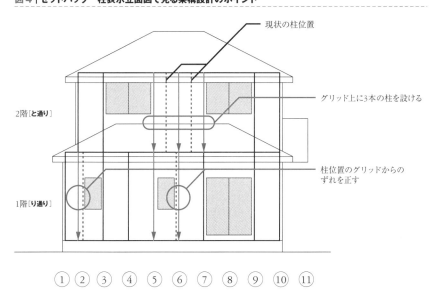

現状の柱位置

グリッド上に3本の柱を設ける

柱位置のグリッドからのずれを正す

2階[と通り]

1階[り通り]

セットバックしている場合でも、立面図で、柱位置が1階と2階で一致していることを確認することが大切である

ることなどが複合して、2階床組架構を複雑なものにしている。

基本設計を再検討する

この事例も伏図だけで改善を行うことは困難であり、基本設計の修正が必要と考えられる。

2階の2室の間仕切の位置を[**6通り**]のグリッド上にすることをまず検討する必要がある。この場合は8畳の広さの部屋のなかに収納を設けることにする。1階西側柱位置が開口部脇に設けられており、グリッドからずれている。ずれを訂正し、柱は[**り2**][**り5**][**り6**]に設ける

とよい。LDの南側の開口の位置を西へ1Pずらし、跳ね出しバルコニーの西側端部の下に柱を設ける。階段手摺部の柱を南側へ455mmずらすことで、2階南側和室入口部の廊下を北から南へ跳ね出すことができるようになる。[**4通り**]のLDとキッチンの開口を2Pにできないか検討するとよい。また、[**ヘ2**]に柱を設けられるようにしたいので、流しセットを西側に設置し、冷蔵庫の間に袖壁を設けるようにすれば柱の設置が可能になる。

以上のように改善すれば、柱直下率を70％程度までにすることができる。

このようなセットバックの場合、2階外壁上の柱を受ける1階梁のスパンを極力小さくすることと、その梁を柱で直接受け、2次梁や3次梁にならないようにすることが大切である。セットバックしている場合でも、立面図で上下階の開口部が揃っていることや、2階外壁端部の下に開口部がないことなどをチェックし、基本設計にフィードバックすることが、架構設計のうえでも有効である[**図4**参照]。

Case 6

不陸事例 **6**

低直下率

不陸事例 1–5 は、直下率の値は比較的高いにも関わらず、事故になった建物であるの対し、事例 6 は壁直下率も柱直下率も 20％台と極めて低い建物である。1 階チェック図 [図2] を見ると、食堂・居間と西側洋室の間仕切は全開口で、構造的には 1 室の空間となっており、そのなかに 2 階外壁を示す赤い線と、1 階の柱と一致しない 2 階柱を示す赤〇が並んでいる。この部分の 2 階床にたわみが生じたと報告されている。伏図での改善は困難であり、間仕切、柱直下率が改善するよう基本計画から見直すべき事例である。

図1｜低直下率　2階直下率チェック図

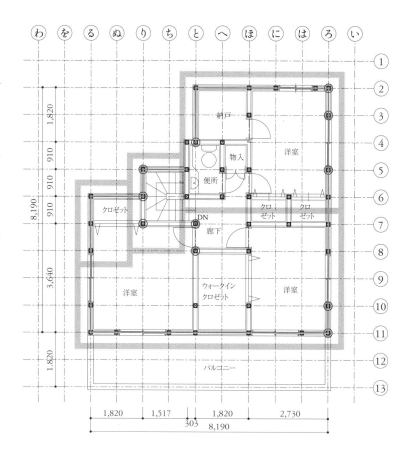

図2｜低直下率　1階直下率チェック図

1・2階で一致していない間仕切・柱が極めて多く、洋室と食堂・居間の2階床梁にたわみが生じた。また、プランの中央部では1階の廊下幅を約1.2mと広げ、そのぶん台所を東へずらしていること、2階ではトイレが西側へ約30cm跳ね出しになっているため、間仕切と柱位置が一致していないことが分かる

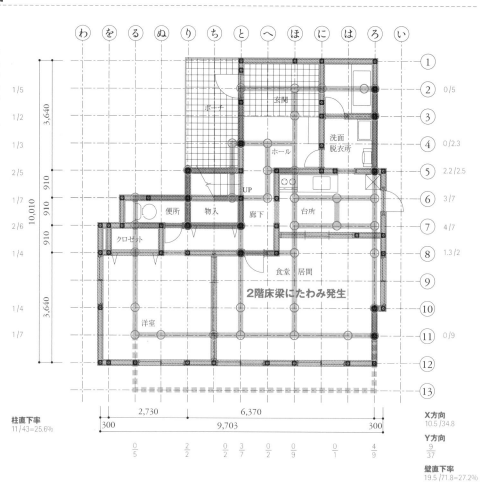

資料集

伏図とプレカット加工図

2階屋根伏図

本書の2階屋根伏図（母屋伏図）　　　　　　　　　　　　　　　　　　　　　　　　　　　[S=1:100]

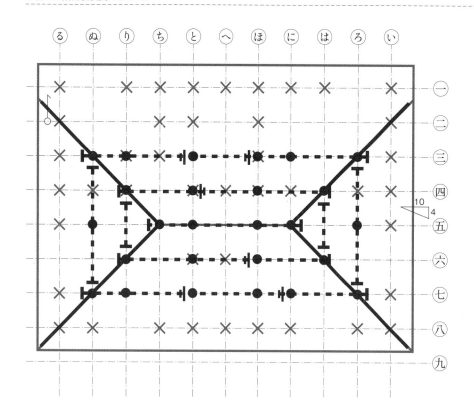

［凡例］

下階柱	✕
小屋束	●
母屋・棟木 90×90	⊢ ⊣
隅木 90×90	▬
垂木 45×60@455	表記省略
継手位置	下木　上木
母屋下がり位置	◇─→

　第1章で作成した各伏図は、手描きで伏図を描く際の表現例である。梁桁など横架材を単線で表現している。もちろん、この図面に柱を書き加え、仕上げていってもよいのだが、ここでは意匠系CADなどを使用した場合の図面例も紹介する。実務で伏図を清書する際の参考にしていただきたい。さらに、プレカット加工図も紹介する。実務ではプレカット図の承認を求められることがあるので、この図面も読み取れたほうがよい。プレカット図は使用CADによって表現方法がまったく異なるので、この図面はほんの一例である。

　まず、屋根伏図（母屋伏図）について、この3種類の図面を見くらべてみる。

　設計図では、小屋伏図と屋根伏図を分けて書かない場合が多いと思うが、母屋の配置が分かりやすいように図面を分けることをお勧めする。プレカット図では、屋根伏図を小屋伏図と分けて描くことが一般的である。プレカット図の+364などの数値は、基準の軒高さから母屋天端までの高さを表している。

意匠系CADによる2階屋根伏図（母屋伏図）の例

[S=1:100]

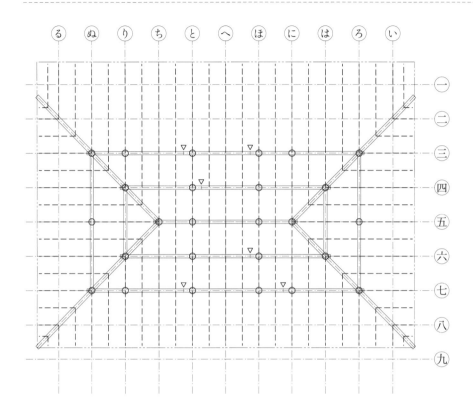

［凡例］

小屋束	○
母屋・棟木・隅木 90×90	——
垂木 45×60@455	- - -
継手位置	▽

プレカット加工図の2階屋根伏図（母屋伏図）の例

[S=1:100]

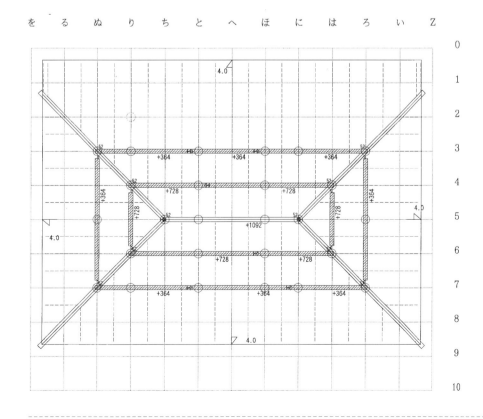

［凡例］

下小屋束	⊂⊃
母屋	▨
棟木	▭
隅木	◁▭
垂木	─

［継手仕口］

寄蟻	▭
鎌継	▭×▭

2階小屋伏図

本書の2階小屋伏図　　　　　　　　　　　　　　　　　　　　　　　　　　　　　　　［S=1:100］

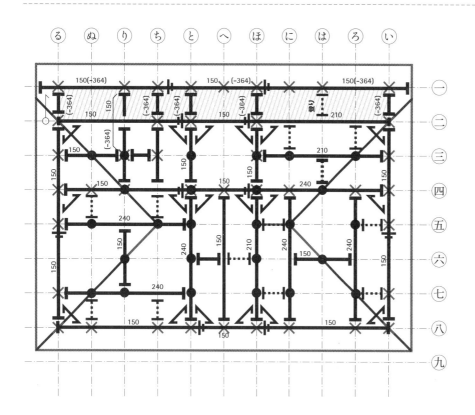

［凡例］

下階柱	✕
小屋束	●
横架材 特記なきは105×105	⊢⊣
振れ止め 105×105	⊢┈┤
火打梁 90×90	╲
継手位置	下木 上木
母屋下がり位置	◇——→

　手描きの表現方法で小屋伏図を仕上げる場合は、本書で描いた伏図に2階柱（下階柱）の位置を書き加える。2階柱は小屋束との区別がつくように✕などで表現する。

　設計者が描く伏図には継手位置が表現されていないことが多いが、ここで紹介している図面のように継手位置を書き込むように心掛けていただきたい。

　ここでのプレカット加工図は、見やすいように加工データはほとんど表現していない。実務でプレカット図の承認を求められる場合には、もっと多くの情報が書き込まれていると思う。しかし、設計者が確認しなければならない重要な情報は、構造部材の配置位置断面寸法、継手仕口の位置などである。これらの情報はこのプレカット図にも十分表現されている。まずは、このプレカット図程度の情報をチェックし、そのあと必要に応じてボルト位置などを確認するとよいだろう。

　ほかの2枚の図面とプレカット図との違いは、［**り通り：一－三**］のように2本以上の部材が同じ位置に配置される場合は、プレカット図はレイヤを変えて表現することが多いという

点である。この小屋伏図には、もう1枚［**サブレイヤ1**］という図面が作成される。

意匠系CADによる2階小屋伏図の例

[S=1:100]

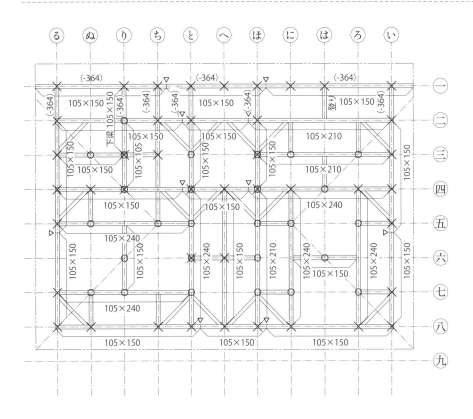

[凡例]

小屋束 90×90	○
下階柱	×
梁・桁 特記なきは105×105	▬▬
火打梁 90×90	╱
継手位置	▽

プレカット加工図の2階小屋伏図の例

[S=1:100]

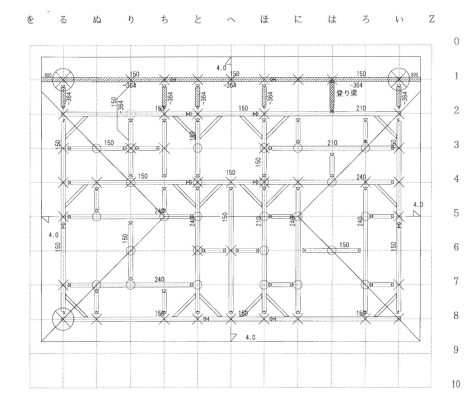

[凡例]

通下柱	⊗
小屋束	⊏○⊐
下柱	⊰⊱
母屋	▨
登り梁	▩
垂木	┈

[継手仕口]

蟻	⊏▭
寄蟻	⊏▱
鎌継	⊏▭
桁差ホゾ	⊏▭

注 | [り通り:1-3]の下梁はサブレイヤに表示されるが、ここでは省略する

２階床伏図

本書の２階床伏図 [S＝1:100]

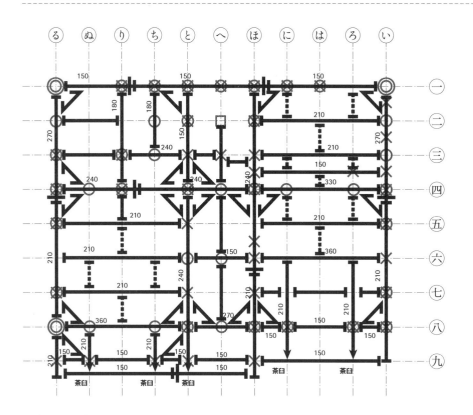

［凡例］

通し柱 120×120	◎
当該階管柱 105×105 隅柱は120×120	○
下階柱	×
階段柱 105×105　h4000	□
横架材 特記なきは105×105	┠─┨
振れ止め 105×105	┠┈┈┨
火打梁 90×90	╲
根太 45×60@303	表記省略
継手位置	下木┨┠上木

　手描きの表現方法で２階床伏図を仕上げるには、本書で
描いた伏図に１階柱位置と２階柱位置を書き加える。１階
柱(下階柱)は×、２階柱(当該階管柱)は〇など区別して記入する。

　設計者が描く伏図では、小屋伏図と同様に継手位置を書
き込むように心掛けていただきたい。

　プレカット加工図では、仕口の位置や継手の位置・方向の
みならず、その継手仕口が蟻仕口なのか胴差仕口なのか、
蟻継手なのか鎌継手なのか、など継手仕口の種類も表現さ
れている。しかし、その継手仕口の種類を何にするか、とい
うことより、継手仕口に大きな荷重が加わらない設計になっ
ていることのほうがはるかに重要なので、プレカット図をチ
ェックする際には、細かいことにこだわり過ぎないように気を
付けたい。

意匠系CADによる2階床伏図の例

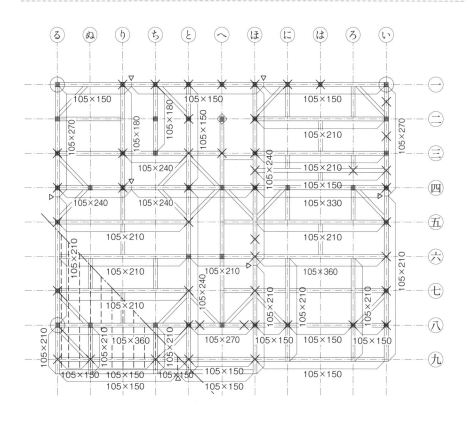

[凡例]

当該階管柱
105×105
隅柱は120×120

通し柱
120×120

階段柱
105×105

下階柱

梁・桁・胴差
特記なきは105×105

火打梁
90×90

根太
45×60@303

継手位置

プレカット加工図の2階床伏図の例

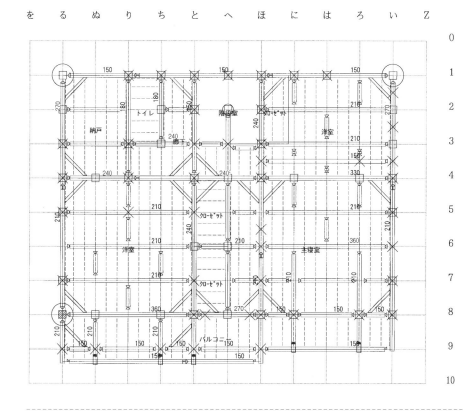

[凡例]

通し柱

化粧通し柱

管柱

階段柱

下柱

根太

[継手仕口]

蟻

寄蟻

茶臼

鎌継

胴差ホゾ

1階床伏図

本書の1階床伏図 　　　　　　　　　　　　　　　　　　　　　　　　　　　　[S=1:100]

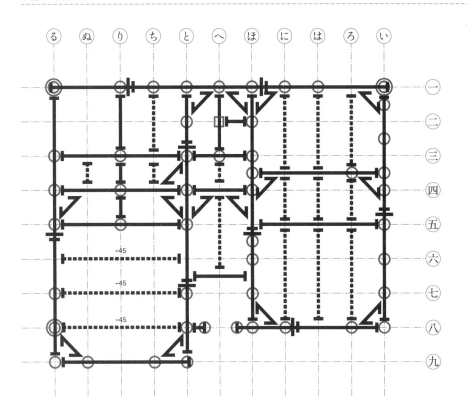

[凡例]

通し柱 120×120	◎
当該階管柱 105×105 隅柱は120×120	○
階段柱 105×105 h4000	□
土台 105×105	⊢⊣
大引 105×105	⊦┈┤
火打土台 90×45	╲
根太 45×60@303	表記省略
継手位置	下木┃上木

　手描きの図面を仕上げるには、本書で描いた伏図に1階柱位置を書き加える。ここでは当該階管柱として○で記入している。

　設計者が描く伏図では、畳敷きや床暖房などの室と、他の室との床仕上げ面の高さをそろえる場合、大引や根太を下げる範囲とその下がり量を書き込み、どのように納めるかを検討する。2階床伏図の場合もこの検討を忘れてはならない。

　プレカット加工図では、1階床伏図を土台伏図ということもあるが、1階床伏図とまったく同じ図面のことである。プレカット図には工場で加工しない材は表現されないことが多い。たとえば、根太を土台や大引の上に転ばし施工する場合は、1階床伏図に根太が描かれていないことがある。プレカット図は加工機に加工データを流すために作成される図面であり、設計図として完成された図面ではないので、そういう視点で図面を見ていただきたい。

意匠系CADによる1階床伏図（土台伏図）の例

[S=1:100]

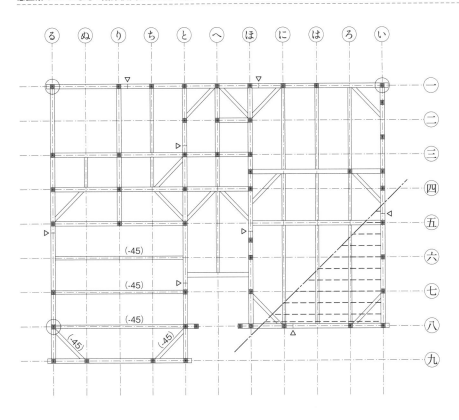

[凡例]

当該階管柱
105×105
隅柱は120×120　■

通し柱
120×120　◉

土台
105×105　═══

大引
90×90　═══

火打土台
90×45　╱

根太
45×60@303　╌╌╌

継手位置　▽

プレカット加工図の1階床伏図（土台伏図）の例

[S=1:100]

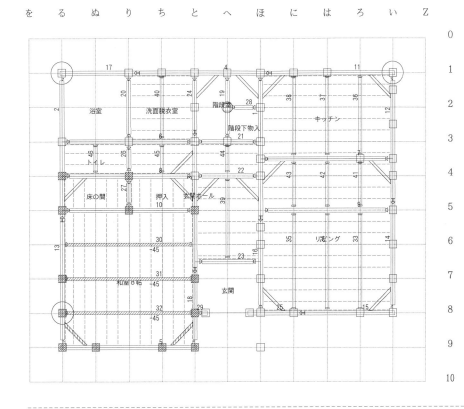

[凡例]

通し柱
化粧通し柱
管柱
化粧管柱
階段柱
根太

[継手仕口]

蟻
寄蟻
枕
鎌継

基礎伏図

本書の基礎伏図 [S-1:100]

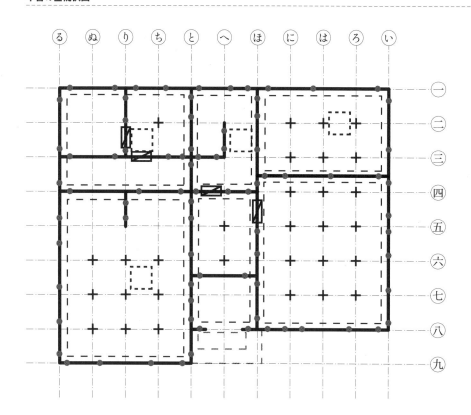

[凡例]

基礎	- - - - ━━━
アンカーボルト	●
床束	＋
人通口	▨
床下点検口	▢

　プレカット工場では基礎伏図を描かないので、ここでは本書の手描きの図面と意匠系CADの図面のみ紹介する。ここに紹介している基礎伏図は、設計図としては情報不足なので、実務上は配筋に関する情報も書き加えるようにする。スラブ配筋や立上り部、地中梁の配筋を特記や断面詳細図に記入し、部分的に補強筋が必要な場合は、その位置と補強筋の種類を基礎伏図に書き込む。鉄筋量はスパン表や計算により決定する。

意匠系CADによる基礎伏図の例　　　　　　　　　　　　　　　　　　　　　　　　　　　　　　　　　　　　　　[S=1:100]

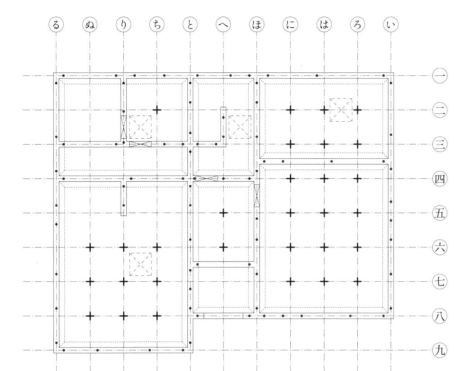

[凡例]

アンカーボルト	•
床束	+
人通口	⋈
床下点検口	⊠

[執筆者紹介]

p.4-10｜第1章 p.19-21、p.32-35｜第3章 p.104-105

松留愼一郎 ｜職業能力開発総合大学校名誉教授
—
木造構法の研究・開発が専門。東京大学建築学科・同大学院博士課程修了。博士（工学）。
現代構法から伝統構法まで、木造構法の再評価と普及をめざす。
NPO木の建築フォラム代表理事、同「現代木割術研究会」代表。

第1章 p.14-17、p.54-61、p.76-79、p.88-91、p.100-102｜第4章 p.124-133

倉内菜々 ｜倉内木造設計
—
木造軸組構法建築物の構造設計・計算を行う。
実務を通して身につけた知識や技術を伝える講習会なども開催している。
NPO木の建築フォラム会員、同「現代木割術研究会」所属。

第1章 p.24-31、p.36-53、p.62-75、p.80-87、p.92-98

高野武春 ｜高野空間設計一級建築士事務所代表
—
法政大学工学部建築学科卒業。
設計事務所勤務ののち高野空間設計一級建築士事務所開設。

[協力]
望月仁

参考文献：
木造軸組住宅 架構設計の手引〈機械プレカット編〉 NPO木の建築フォラム「現代木割術研究会」編刊

安全な構造の伏図の描き方
改訂第二版
2022年3月2日　初版第1刷発行
著　者｜NPO法人 木の建築フォラム 現代木割術研究会
発行者｜澤井聖一
発行所｜株式会社エクスナレッジ
〒106-0032東京都港区六本木7-2-26
https://www.xknowledge.co.jp/

問合せ先
（編集）Tel 03-3403-1381　Fax 03-3403-1345
　　　　info@xknowledge.co.jp

（販売）Tel 03-3403-1321　Fax 03-3403-1829